«Окончательный взгляд — это смотреть на свой собственный ум. Если ты ищешь взгляд вне ума, ты подобен тому, кто ищет изобилия, будучи уже богатым».

Миларепа

«Для тех, кто не практикует то, что проповедует, ораторство — лишь вероломная ложь».

Миларепа

«Убивая своё тело, мы лишаем разум, наш единственный светоч в этой жизни, возможностей освещать нам путь. О теле мы должны заботиться, а не убивать его, но заботиться мы должны настолько, чтобы ярче горела жизнь разумения, чтобы заботы о теле не мешали разумной жизни».

Будда Шакьямуни

«Одному человеку может быть трудно поднять большой камень, но, соединив усилия, несколько человек сделают это без труда».

Падмасамбхава

«Все счастье, которое есть в мире, происходит от желания счастья другим. Все страдание, которое есть в мире, происходит от желания счастья себе».

Шантидева

Азбука йоги

Москва

www.oum.ru Амрита-Русь

2012

УДК 233-852.5й
ББК 86.33
А32

А35 Азбука йоги. — М.: Амрита; Клуб OUM.RU, 2012. — 96 с.: ил.

ISBN 978-5-413-00845-4

Существует мнение, что йога — это что-то индийское, а значит диковинное, экзотическое и в какой-то степени небезопасное. Однако ведические знания сохранились и на территории нашей страны. Постепенно они становятся доступными, и мы узнаем о глубоких традициях наших предков. Прочитав эту книгу, вы сможете сформировать собственное мнение на этот счет — что такое йога? откуда пришли к нам знания о ней? и что практика йоги может дать современному человеку.

УДК 233-852.5й
ББК 86.33

ISBN 978-5-413-00845-4

Содержание

Предисловие. Йога в нашем понимании 6

Зачем человеку заниматься йогой 7
Кто такие гуру и зачем они нужны? 8
Азбука асан 13
Что такое асаны и зачем они нужны? 14
Легенды ведической культуры. Азбука асан в картинках . . . 15
Суть мантр согласно учениям йоги 41
Йога и питание 46
Йога и семейные отношения 51
Аура и влияние йоги на ауру человека 57
Закон кармы 60
Легенда о царе Ангатии и Нараде Кашьяпе 69
Йога по-взрослому для начинающих. Заключение
и благодарности 93

Предисловие
Йога в нашем понимании

Йога в нашем понимании — это проверенная временем и известная во всем мире система самосовершенствования.

Сложилось мнение, что Йога — это что-то индийское. А, значит, — диковинное, экзотическое и даже небезопасное. Истоки Йоги лежат в ведических знаниях, и если Вы чуть глубже вникните в историю йоги, то обнаружите и альтернативную версию. Она заключается в том, что когда-то давно (более 5 тыс. лет назад) на Земле была единая Ведическая цивилизация. В ту эпоху мир был другим, — люди жили праведно в согласии друг с другом и с природой. Но с наступлением Кали-Юги начался период упадка нравственности, и большинство людей утратили древние знания.

Эти знания хранили и передавали из поколения в поколение специальные люди — брахманы, волхвы и другие. До нас же эти знания дошли в виде различных традиций и линий передачи. Индийская (или тибетская) — одна из них. Именно благодаря ей мы знакомы с йогой в ее классическом понимании. Ведические знания сохранились и на территории нашей страны. Постепенно они становятся доступными и мы узнаем о глубоких традициях наших предков.

Зачем человеку заниматься йогой

Ваше тело отражает вашу карму на сегодняшний день. Однако все можно изменить. В сохранившихся писаниях говорится, что большинство людей начинали заниматься йогой по взрослому, уже в зрелом возрасте, когда отходили от дел и посвящали себя самосовершенствованию, а в течении жизни старались жить по совести и поддерживать тело и дух на должном уровне.

С молодости йогой занимались только те, кто родился в семье брахманов, иначе говоря — волхвов, ведунов. А обычные люди стремились жить эффективно, отдавать долг Родине, а в конце жизни все благодарности, которые они накопили, трансформировались в энергию, которая переносилась в будущую жизнь. Во всех адекватных мирах не только этой галактики, знание и развитие стоят на первом месте. В этом же Мире, пока происходят постоянные смены власти, войны, которые не выгодны жителям планеты Земля, они выгодны совсем другим существам. На других планетах все намного стабильнее.

Друзья, так давайте же изменим ситуацию. Занимайтесь йогой, занимайтесь самосовершенствованием! Накапливайте благодарности за благостные дела!

Давайте изменим мир к лучшему, изменив в первую очередь самих себя. :)

Кто такие гуру и зачем они нужны?

В настоящее время существует много интерпретаций такого понятия, как «гуру». Что же понимается под этим, таким странным на слух русского человека, словом? Кто такие эти «гуру»? Для чего они нужны? И нужны ли? Обязательно ли у человека должен быть гуру? Нельзя ли обойтись в своем движении по пути без него? Ниже мы рассмотрим ответы на эти вопросы.

Понятие «гуру»

В переводе с санскрита гуру — это достойный, великий, важный, учитель, мастер — духовный наставник. Гуру, в строгом смысле, является не учителем, передающим какую-либо информацию, а тем, кто направляет и питает Пробуждение ученика.

Зачем ищущему «гуру»

Прежде всего стоит отметить, что люди сами по себе очень разные, и как правило они находятся на самых различных этапах пути. Поэтому, один гуру не может подходить для всех. Для какого-то определенного сегмента учеников будет подходить один гуру, для другого сегмента — другой. Следуя пути йоги или любой другой системе самосовершенствования, человеку рано или поздно приходится столкнуться со своим эго. Эго — это наша личность, та оболочка, которая взращена воспитанием, социальной системой и т. д. По опыту многих древних культур и систем самосовершенствования преодолевать собственное эго самостоятельно могут только супергениальные личности. Христос, Будда Шакьямуни, Магомет...

Эти люди оставили огромный след в истории. Так как их имена у всех на слуху, на примере жизни этих святых можно посмотреть, что необходимо делать, чтобы прийти к тому или иному уровню осознания. За историю человечества было немало людей, не известных широкой публике, которым удалось преодолеть собственное эго. Что касается Иисуса Христа, на то, чтобы разобраться с самим собой ему потребовалось сорок дней, которые он провел в пустыне. Когда он медитировал, появился Мара. Мара — это буддийское название божества, которое удовлетворяет страсти. Есть Боги, которые отвечают за разные аспекты жизни в этом мире. Они либо помогают, либо наоборот, ставят палки в колеса. Одного из них в буддизме называют Мара, в христианстве его называют Дьяволом. Это божество живет за счет удовлетворения желаний страждущих. Удовлетворяя амбиции и желания людей, Мара использует их в своих корыстных целях. Эти люди служат проводниками мотиваций Мары в этом мире.

Реальность такова, что в каждом из нас есть частичка Мары, который всю нашу жизнь удовлетворяет наши желания через наше тело. Если у вас есть физическое тело и разум, то от Мары вы не свободны. Ум, который вы взращиваете, является одним из проявлений Мары в этом мире. Если на определенном этапе вы столкнетесь со своим умом, то вы поймете, что он не такой подарок, как вам кажется. Ваш ум станет вашим злейший врагом. И вот как раз на этом этапе и возникает потребность в человеке, который будет для вас учителем, наставником или просто авторитетом, который в трудную минуту скажет доброе слово или, наоборот, даст подзатыльник.

На определенном этапе человеку очень сложно контролировать себя самому, и помощь гуру в такие моменты нельзя переоценить. На Кавказе до сих пор сохранились такие постройки как «дольмены». В древности их использовали для достижения контроля человеком над самим собой. Человек уединялся в дольмене по двум причинам: либо он сам хотел испытать себя, либо его запирали, чтобы обезопасить его от самого себя. При стечении определённых обстоятельств, человек может перестать себя контролировать. Стрессы, трагедии, психические срывы... Человек, который занимается определенными практиками самосовершенствования, на определенном этапе обращает взор вглубь себя. Существует вероятность, что, когда человек столкнется со своим «я», ему это очень не понравится. Но в обычной жизни он не сможет увидеть свое «я». Для этого и создаются специальные условия. Например, в Гималаях для этих целей используют пещеры. Человека помещают в пещеру, закладывают камнями, оставляя только маленькую щелку для того, чтобы передавать ему пищу. В некоторых традициях практики закрываются на три года, три месяца, три недели, три дня, три часа. Это необходимо для того, чтобы у человека была возможность познать самого себя, свой внутренний мир. И к этому надо готовиться. Только не стоит думать, что это происходит спонтанно, по желанию:), нужно готовиться серьезно, иногда десятилетиями к тому, чтобы уйти в пещеру.

Какие бывают «гуру»

Существует два основных направления йоги: западный вариант для эгоцентрично мотивированных людей и восточный, который включает в себя концентрацию и стремление к самадхи. Первый из них ориентирован преимущественно на укрепление здоровья тела, второй — на духовное оздоровление. Поэтому есть учителя, которые широко известны на западе, а в Индии о них никто не слышал. И наоборот, в Индии есть махагуру, а в Европе они совершенно не востребованы.

Вполне возможно, что вы подпадете под влияние какого-нибудь шарлатана и вас будут так сказать «доить». Если вы поедете в Индию, с вероятностью 90 % вы нарветесь на какого-нибудь гуруджи, который просто будет разводить вас на деньги. И это нормально для современного индусского менталитета. Нормальный гуру вряд ли возьмет европейца в ученики, потому что европейцы настолько испорчены, что с ними бессмысленно будет разговаривать о серьезном. Слишком большой накоплен балласт мотиваций, использования Мира вокруг, ради своих прихотей и целей. И если такой человек, получает зания по овладению дополнительной энергией например, опыт показывает — часто это используется в корыстных целях... На самом деле все типы учителей необходимы. Даже те, которые несут полную ахинею и делают непотребные вещи. Они нужны для того, чтобы увести за собой определенный сектор учеников. Для разных категорий учеников нужны разные учителя. Более того, учителя не появляются просто так. Есть такое изречение: «Когда ученик готов, появляется учитель». Если же ученик еще не готов, то учитель ему совсем не нужен. Если человека еще обсасывают со всех сторон «лярвы» по полной программе, о каком учителе может идти речь? Такой человек и шагу без «лярв» ступить не может.

Чем больше у человека желаний, тем менее он адекватен. У каждого человека есть пристрастия, которые высасывают его энергию. Так устроен мир. И до тех пор, пока у вас высасывают энергию лярвы или другие сущности, вы не станете разумными. Учитель нужен в том случае, если человек смог залатать все энергетические «пробоины». В таком случае энергия поднимается и начинает помогать человеку продвигаться дальше. И вот в такой момент и появляется потребность в учителе. Конечно, есть такие учителя, которые помогают «сливать» энергию человека. Что поделать, значит такая карма у таких учеников — подпасть под влияние недалёких учителей. В классических текстах первая задача, которая ставится ученику — это накопление энергии. Утечка энергии — самое главное средство «развода» человека. И учитель необходим только тем, кто уже, до некоторой степени, ограничил утечки и начинает пытаться контролировать энергию. Любое проявление эмоций приводит к утечке энергии. На первом этапе обучения очень важно научиться контролировать проявления своих чувств и эмоций. Человек, который не может контролировать себя, очень быстро сходит с пути. А контролировать себя он не может потому, что по карме прошлого над ним «сгустились тучи» и его «доят» как дойную корову.

Как же человеку все-таки справиться с такой кармой? А вот для этого и разработаны методы самосовершенствования, в том числе и йога. В одном из вариантов перевода «йога» — это узда. Йога помогает вам обуздать свой ум. Если с помощью хатха-йоги или пранаямы или с помощью других практик вы будете контролировать свою энергию, вы сможете изменить себя. В этой жизни вы родились не в самое удачное время. В такие темные времена как сейчас, вам насаждаются знания другого характера. Вас «разводят». Но такова ваша карма. Сейчас люди начинают постепенно пробуждаться. Шанс того, что вы прочтете эту статью был очень маленьким, но это случилось.:) Если вы когда-нибудь накопите энергию, достаточную для того, чтобы попытаться себя контролировать, вам потребуется учитель. И найти учителя бывает крайне сложно. Для каждой категории ищущих нужен свой тип учителя. В зависимости от уровня вашего развития, вы найдете себе того, кто сможет вам помочь. И следует помнить, что уровень учителя соответствует уровню ученика — если вы делаете только первые шаги в йоге, не ждите, что вами заинтересуется великий мастер. Чтобы быть учеником великого мастера, надо уже достаточно далеко продвинуться на пути самосовершенствования, чтобы быть готовым к его наставничеству.

Из лекции Андрея Верба, преподавателя йоги клуба OUM.RU

Азбука асан

Что такое асаны и зачем они нужны?

В йоге существуют разные позы, которые называют асаны. Позы йоги подразделяются в основном на две категории: позы физического здоровья, которые благотворно воздействуют на нашу материальную оболочку, и позы стабильности, которые подготавливают нашу духовную стабильность.

У них одна цель, и следуют они в таком порядке: вначале позы физического здоровья, а затем позы стабильности. На занятиях по йоге предлагаются позы разного уровня сложности. Если какая-то поза йоги кажется слишком трудной, остерегайтесь исключать из нее элемент, который у вас не получается, так как именно этот элемент может оказаться основным. Преподаватель может разложить трудный элемент и этим помочь вам правильно выполнить позу, учитывая внутренний эффект, который она преследует, даже если при этом внешние эффекты отойдут на второй план.

Позы йоги для начинающих довольно просты и безопасны, однако прежде чем приступить к работе, важно учесть несколько правил. Позы или асаны выполняются на голодный желудок, в хорошо проветриваемом помещении, в легкой, просторной одежде. И главное — эта духовная практика не терпит суеты, поэтому, принимая основные позы йоги, сконцентрируетесь на своих ощущениях и дыхании.

Легенды ведической культуры. Азбука асан в картинках

В этом разделе мы расскажем о нескольких асанах, с которыми связаны разные легенды и сказания ведической культуры. Асаны представлены для ознакомления! Следует осваивать их под руководством опытного преподавателя йоги.

Итак, начинаем…

Натараджасана

В переводе слово натараджасана означает буквально царь танцор или господин танцор.

Натараджа одно из имен *Шивы,* Бога танца.

Бог Шива в своей ипостаси НатарАджа (санскр. ната — танец, драма; раджа — владыка, повелитель, царь) — один из самых ярких образов, связанных с Индией.

Его облик знаком очень многим — это танцующая фигурка с четырьмя руками. Шива изображен в изящной танцевальной позе, одна пара его рук сомкнута в абхая мудре (абхая — бесстрашие, мудра — знак, символ), вторая пара держит всеочищающий космический огонь (Агни) — символ трансформации и барабанчик (дамару) — символ всего творения и олицетворение самой жизни.

Существует сказание о том, что Шива бог не только мистического покоя, смерти и разрушения, но также и Бог танца. Известно, что Бог создал свыше сотни танцев, как спокойно грациозных, так и устрашающе грозных.

Один из самых известных свирепых танцев это Тандава — космический танец разрушения, в котором Шива, разъярившись на своего тестя Дакшу за убийство Сати, возлюбленной супруги Шивы, отбивает дикий ритм в окружении слуг, убивает Дакшу и угрожает вселенной. Существует множество изображений Натараджа в скульптурах и статуэтках южной Индии.

Ханманасана

Асана названая в честь великого *Ханумана*.

Ханума́н (санскр. «имеющий *(разбитую)* челюсть») — сын бога ветра Ваю и апсары Пунджисталы. Один из главных героев «Рамаяны», также друг Рамы и Ситы. Мать Ханумана находилась в то время под действием проклятия, обратившего её в ванару и была женой Кешари, могущественного воина из расы ванаров. Однажды, когда она гуляла в горах, её увидел пролетавший мимо бог ветра Ваю и был сражён её красотой. Ваю овладел Анджаной. Так на свет появился Хануман и отсюда его первое имя — Марути (сын ветра).

Хануман унаследовал от своего отца божественные способности к полёту, быстрому перемещению, а также невероятную силу. Вскоре после своего рождения он, увидев Солнце, решил что это фрукт и попытался его съесть. Это увидел Индра и метнул в Ханумана свою ваджру, сломав ему челюсть. Хануман без сознания упал на землю. Расстроенный Ваю взял сына и за такую несправедливость начал выкачивать весь воздух с Планеты. Вскоре всё живое в мире стало задыхаться и Индра вместе с могущественными богами решили умиротворить Ваю, и Брахма исцелил Ханумана, дав защиту от любого вида оружия. После этого случая Хануман и обрёл свое имя.

Узнав, что бог солнца Сурья — известный учитель, Хануман увеличился в размерах, чтобы достичь небесного пути Сурьи,

и попросил того взять его в ученики. Сурья отказал, сказав, что должен освещать мир и не может покидать свою колесницу. Тогда Хануман ещё увеличился в размерах, поставил одну ногу на западную границу мира, а другую на восточную, что позволило ему все время быть рядом с колесницей, и ещё раз обратился к Сурье с просьбой об ученичестве. Удивлённый бог солнца согласился и передал Хануману свои знания.

Хануман рос большим озорником и частенько подшучивал над отшельниками в горах, утаскивая у них вещи и предметы культа. Раздражённые мудрецы наложили на него проклятие — и он забывал о своих сверхспособностях и вспоминал только тогда, когда это становилось необходимо и другие просили его о помощи. Также Хануман был способен понимать язык птиц, что впоследствии помогло ему освободить Раму и Лакшману из подземного мира и сразить Ахиравану.

Находясь в изгнании, Рама обратился к ванарам за помощью в поисках Ситы, похищенной повелителем ракшасов Раваной. Когда группа, отправленная на поиски, достигла южного океанского побережья, все ванары, увидев бескрайний океан, отказались идти дальше, сославшись на неумение прыгать через воду. Коронованный принц Ангада собрал ванаров вокруг себя, начав поиски того, кто одним махом перепрыгнет океан (100 йоджан). Выбор пал на Ханумана. Когда ванары начали восхвалять его силу и могущество, Хануман вспомнил о своих сверхспособностях.

Прибыв на Ланку, Хануман превратился в маленькую обезьянку и ударом поверг злую ракшаси Ланкини, напавшую на него. И она вспомнила о том, что символом крушения Раваны станет обезьянка, повергшая стража ворот своим ударом. После встречи с Ситой, Хануман решил наказать Равану за его проделки и за страдания Ситы. В ашоковом саду, куда Хануман пошёл полакомиться фруктами, на него напала армия Мегханадхи по прозвищу Индраджит. Сын Раваны собрался поймать Ханумана, метнув волшебное копьё — «Стрелу Брахмы» (Брахмастра). И хотя Брахма даровал Хануману неуязвимость от своих стрел, тот позволил себя пленить, чтобы встретиться лицом к лицу с Раваной, усмирить его гнев и узнать о силах, которыми он располагает.

В наказание Равана приказал поджечь Хануману хвост, обмотав его тряпками и облив маслом для светильников. Когда палачи попытались обернуть хвост тряпками и поджечь, Хануман начал его удлинять, приведя тем самым палачей в замешательство. Затем он всё-таки позволил им поджечь свой хвост и устроил большой пожар на острове, поджигая все дома, кроме того, где спал Кумбакарна (потому что жена Кумбакарны взмолилась о пощаде) и жилища Вибхишаны (в знак почтения Вишну). Попрощавшись с Ситой, Хануман взял у неё гребешок, вернулся с ним к Раме и сказал, что необходимо освободить Ситу в течение месяца.

На поле битвы Лакшмана был ранен орудием Шакти, выпущенным Мегандой, но поднять его тело смог только Хануман, который затем перенёс его в лагерь Рамы. Чтобы излечить Лакшмана, Джамбаван (предводитель воинства медведей) посоветовал разыскать целителя Сушену с Ланки. Тот, в свою очередь, назвал гору, на которой росли лечебные травы, способные исцелить Лакшмана. Хануман нашёл горный холм Сандживи, но времени на разыскивание целебной травы не было, поэтому он оторвал от земли весь холм и на своей ладони перенёс его в лагерь ванаров.

Хануман участвует и в событиях Махабхараты. Один из братьев пандавов, Бхима, пребывая в изгнании, встречает в лесу Ханумана и не может даже приподнять хвост, которым тот преградил ему дорогу. Хануман объявляет Бхиме, что он — его брат (Бхима — тоже сын Ваю) и возвещает ему учение о четырёх Югах и об обязанностях четырёх варн.

Арджунасана

Одно из названий этой асаны — Арджунасана. И получила она название в честь славного героя, стрелка из лука, участника событий Махабхараты — *Арджуны*.

А́рджуна (санскр. «белый, светлый») — герой древнеиндийского эпоса «Махабхарата». Третий из братьев Пандавов, сын царицы Кунти и Индры. Ученик наставника Дроны. Именно он во время сваямвары (т.н. свободный выбор жениха невестой) завоевывает для себя и братьев жену, царевну Драупади, натянув богатырский лук. Арджуна также был женат на сестре Кришны Субхадре, которую похитил, вызвав ревность царицы Драупади. Проведя пять лет на небе Индры, Арджуна получает от своего небесного отца и с разрешения Шивы много видов божественного оружия, которое впоследствии использует против Кауравов. Во время битвы на поле Куру возничим («сутой») Арджуны становится его друг, наставник и двоюродный брат Кришна. Именно Арджуне перед боем Кришна возвещает своё учение «Бхагавад-гиту».

После победы Арджуна от имени своего старшего брата Юдхиштхиры совершает ашвамедху, то есть покоряет все окрестные земли, а также искупает грех убийства родичей в битве. После 36-летнего правления Пандавов в Хастинапуре, пятеро братьев с Драупади оставляют царство и отправляются в паломничество. Вместе с братьями и женой престарелый Арджуна умирает во время последнего странствия Пандавов в Гималаях.

Карнапидасана

Есть легенда, что название этой асаны связано с временами действий Махабхараты, когда жил славный *Карна*.

Ка́рна (санскр. «чуткий», буквально — «ушастый») — один из центральных героев эпоса древней Индии «Махабхарата», сильнейший витязь сказания и воплощение доблести и чести. Карна имеет божественное происхождение, его родители — царевна Кунти и бог солнца Сурья: некогда отшельник Дурваса наградил Кунти за благонравие мантрой, с помощью которой она могла вызвать любого бога для приобретения потомства. До рождения Карны его небесный отец изрекает пророчество о том, что Карне суждено стать величайшим воином. Карна появился на свет в результате девственного рождения и стал подкидышем, так как был внебрачным ребёнком, и юная мать пустила младенца в корзине по реке.

Воспитанный в приёмной семье возницы Карна по неведению становится врагом своих братьев принцев Пандавов (сыновей Кунти и царя Панду) и побратимом их главного противника принца Дурьодханы, вместе с которым замышляет козни против Пандавов. При рождении Карна получает от небесного отца золотой панцирь и серьги — залог неуязвимости. В юности Карна проходит обучение воинскому искусству у наставника Пандавов и Кауравов Дроны, а затем у отшельника Парашурамы. Парашурама предрёк Карне великую

славу, но проклял его за обман: чтобы выведать у гневливого аскета тайну владения небесным оружием, Карна выдал себя за брахмана. Карна всю жизнь страдает из-за низкого социального статуса: будучи подкидышем, он лишён обряда посвящения кшатрия. Происками Индры (небесного отца героя Арджуны — среднего из пятерых Пандавов и главного соперника Карны), Карна лишается неуязвимости. Это происходит, когда коварный Индра в обличье брахмана просит у Карны в качестве дара его волшебные серьги и панцирь. Считая бесчестным отказать брахману в даре (хотя и зная, что под личиной брахмана скрывается Индра), Карна срезает приросшие к телу серьги и панцирь, а взамен получает у Индры магическое копьё. В великой Битве на Курукшетре между благородными Пандавами и их антагонистами Кауравами, возглавляемыми Дурьодханой, Карне предстоит сразиться на стороне Кауравов против своих братьев.

Перед битвой из-за ссоры с военачальником и дедом Кауравов Бхишмой Карна временно отказывается сражаться. Кришна в секретной беседе открывает Карне тайну его рождения и предлагает царский трон в награду за переход на сторону братьев. Карна, в нарушение стандартного эпического сюжета воссоединения подкидыша с царской семьёй, отказывается, так как считает бесчестным предать побратима и бросить престарелых приёмных родителей. После Кришны с Карной встречается бросившая его в младенчестве мать, и по её просьбе Карна обещает пощадить в битве четверых Пандавов, и только с Арджуной собирается сражаться насмерть.

На десятый день сражения обидчик Карны Бхишма повержен, и Карна берётся за оружие. В решающем поединке между Арджуной и Карной все, включая верховного бога Брахму, ополчаются против Карны. Его возница дядя Пандавов царь Шалья деморализует Карну коварными речами. Несмотря на мощь Карны и его непревзойдённое искусство во владении оружием, он обречён, так как Арджуну защищает сам Кришна (об этом Карну ещё до битвы предупредил Индра). Когда колесница Карны из-за проклятия брахмана вязнет в земле и схватка по правилам должна быть приостановлена, Арджуна по настоянию своего возницы Кришны поспешно убивает Карну: Кришна считает, что в честном поединке Карна непобедим. Карну со всех сторон окружают подвох и предательство: даже клявшийся ему в вечной дружбе побратим Дурьодхана не собирается мстить за его гибель

Только после гибели Карны Пандавы узнают, что он был их братом. Карна представляет необычный для эпоса образ трагического героя, который неукоснительно придерживался высоких этических норм и, как объясняет в XII ниге «Махабхараты» божественный мудрец Нарада, на протяжении всей жизни становился жертвой предательств и унижений: Карна «был проклят и предан множество раз».

Маричасана

По одной из распространенных версий название этой асаны происходит от имени мудреца *Маричи*.

Риши Маричи (имя буквально означает — луч света) был одним из нескольких Праджапати (санскр. — рожденных разумом) Разные источники указывают от шести до девяти Праджапати. В Ведах Праджапати это божество, связанное с зачатием и деторождением, породившее мир от своего семени. В гимне «неизвестному богу» говорится, что Праджапати был рождён из золотого зародыша (Хираньягарбхи) стал «владыкой творения», поддержал землю и небо, укрепил солнце, измерил пространство, дал жизнь и силу, властвует над двуногими и четвероногими, его руки — стороны света. В Пуранах фигура Праджапати становится Риши Маричи. У него, конечно, есть свои индивидуальные черты, про него сложены истории, которые любят пересказывать с назидательными целями поколения и поколения индуистов, но основная тема остается одна — невероятная плодовитость этого Риши, имевшего несколько жен и много-много детей.

В эпосе известны и другие родственные связи Маричи. Этим именем у индийцев называется звезда из созвездия Большой Медведицы. Вообще Большая Медведица это созвездие, где все звезды символизируют разных Риши.

Ардха Матсиендрасана

Асана получила название в честь мудреца *Матсиендры*.

Учитель Матсиендра считается одним из основателей хатха-йоги. Скручивания позвоночника, к которым относится, в частности, и Матсиендрасана, символизируют поворот передней части тела, то есть сознательного, к задней части — к подсознательному. Они привносят свет в темноту и темноту в свет.

Считается, что Матсиендра был реальным историческим лицом. Он родился в Бенгалии и был почитаем непальскими буддистами как инкарнация Авалокитешвары, бодхисаттвы сострадания. Существует много версий истории превращения Матсиендры в реализованного Мастера.

По одной из версий, младенец Матсиендра был выброшен в океан, потому что, согласно расположению планет, его рождение несло дурное предзнаменование. Проглоченный гигантской рыбой, он случайно подслушал учение Шивы о тайнах практики йоги, которое тот излагал своей супруге Парвати в потайной пещере на дне океана. Матсиендра был зачарован. Проведя 12 лет в рыбьем брюхе и изучая все это время духовные практики йоги, он освободился, будучи уже просветленным Мастером.

Аштавакрасана

Очень интересна легенда возникновения Аштавакрасаны. Эта асана посвящена мудрецу *Аштавакре*, духовному наставнику митильского царя Джанаки, который был отцом Ситы. Рассказывают, что когда мудрец был еще в материнском чреве, его отец Кагола сделал несколько ошибок, повторяя Веды (Священное писание). Услышав это, нерожденный еще мудрец рассмеялся. Разгневанный отец проклял своего сына, повелев ему родиться Аштавакрой. И это сбылось. Он родился скрученным в восьми местах, почему и получил имя Аштавакра, т. е. «Восьмикратно искривленный» (от слов «ашта» — восемь и «вакра» — кривой).

Отец мудреца был побежден в философском диспуте ученым Ванди, подвизавшимся при дворе царя Митилы. Мудрец еще в мальчишеском возрасте приобрел огромные знания и отомстил за поражение отца, переспорив Ванди. Потом он стал духовным наставником царя Джанаки. Тогда отец благословил его, уродство исчезло, и он стал стройным.

Васиштхасана

Васиштха (санскр, самый богатый, великолепнейший) — в ведической и индийской мифологии один из семи Божественных мудрецов, риши, духовный сын Брахмы, один из прародителей земных существ, муж Арундхати; владелец коров, исполняющих желания. Считается автором трактата, посвящённого ведической астрологии Васиштха-самхит. Выступает одним из главных героев «Йога-Васиштхи».

Васиштха считается автором нескольких гимнов «Риг-веды». Он также был семейным наставником правителей Солнечной династии. Описывается, что он всегда строго исполнял свой долг и следовал обрядам, предписанным священными писаниями. Васиштха был гуру Рамы (седьмой аватары Вишну). Он обучил молодого Раму праведному образу жизни и верности долгу. Путь Васиштхи как одного из саптариши — это путь любви и бхакти, который он считал совершенством жизни.

Васиштха жил семейной жизнью, преподавал медицину сиддхов и раскрывал тайны мантр для исцеления. Одной из таких мантр, «записанных» Васиштхой, стала «Гаятри-мантра» — одна из самых сильных ведических мантр, ведущая к очищению ума и тела.

Вишвамитрасана

Вишвамитра — ведический мудрец, один из семи великих риши. Ему приписывается авторство большей части третьей мандалы «Риг-веды», включая «Гаятри-мантру».

Вишвамитра (в переводе с санскрита «всеобщий друг») был рожден кшатрием, работал царем и особо не задумывался о духовном совершенствовании пока не повстречал Риши Васиштху. Васиштха обладал коровой, способной выполнять все желания; стоило ей сказать: «Сделай то-то и то-то», как она тут же исполняла все сказанное. Она также могла даровать разные травы, которые растут в деревне и в лесу, и, конечно же, молоко, причем шести разных вкусов.

Как и большинство индийских мудрецов, Вишвамитра обладал могучей волей. Сначала он попытался увести Нандини силой, но безуспешно. В ходе борьбы оба мудреца продемонстрировали все свои достоинства. Васиштха проявил терпимость и совершенное самообладание. И даже когда воины Вишвамитры убили сто его сыновей, он сохранил спокойствие и удержался от мести за убийство.

Во время сражения царь Вишвамитра неожиданно понял, что хочет обладать не просто коровой изобилия — ему нужно обрести просветление. И он сделал все для того, чтобы стать брамином. В итоге, когда Вишвамитра изменил себя и стал праведником, даже Васиштха пришел воздать ему должное.

Вирабхадрасана

Название вирабхадрасана происходит от санскритских слов вира — герой, бхадра — благой, прекрасный и асана — положение, поза, позиция, т.е. поза благого героя. Вирабхадра это ипостась божества индуистского пантеона Шивы в яростном аспекте; олицетворение воинской ярости. Появление Вирабхадры связанно с широко распространённым мифом о жертвоприношении Дакши (тестя Шивы), самосожжением Сати (первой жены Шивы) и последующим разрушением жертвоприношения Шивой. Есть несколько версий согласно текстам пуран и Махабахараты, но все они сводятся к одной линии.

Тесть Шивы являлся олицетворением старого порядка и закона — делай, что предписано, терпи и будь что будет. И потому не любил он своего зятя Шиву, который являлся олицетворением порядка нового — справедливости и понимания. Дисциплина йога, покровителем которой являлся Шива, это дисциплина внутренняя, которая в отличие от дисциплины внешней религиозной и догматичной, основана на вчувствовании и понимании — что, как, почему и зачем в это мире. Разный образ жизни приводил, мягко говоря, к недопониманию между ними. Тесть отзывался о зяте нелицеприятно, Шива со свойственной ему вайрагьей воспринимал это по йогически ровно, а верная Сати разрывалась между долгом жены и дочери. Однажды она не стерпела очередных нападок отца на мужа и

того факта, что ее супруг не был приглашен на общее собрание богов на ягье (ритуале — огненном жертвоприношении), осуществляемой ее отцом. Вспылив, она поступила в духе «так не доставайся ж ты никому» и бросилась в жертвенный огонь. Погруженный в медитацию Шива прозревал всё в сотворенном мире и узнал об этом. Горе и ярость одновременно возникли в его душе, которая требовала правильного действия и справедливости. Воплощением этого справедливой ярости и яростной справедливости стал тысячерукий Вирабхадра, в образе которого Шива и отправился к месту злосчастного жертвоприношения. Явившись на место, он разметал жертвенный огонь, выбросил жертвенную антилопу, оторвал и выкинул голову Дакше, побил и обратил в бегство других богов и героев. Шива, тоскуя о Сати, удалился к себе на гору Кайлаш и предался медитации. Сати переродилась вновь как Ума Парвати и вновь завоевала его сердце. Будучи возрожденным к жизни, Дакша предавался аскезе, взывал к Шиве о прощении, обретал новое понимание порядка и справедливости.

Суть мантр согласно учениям йоги

Мантры — это звуки языка Вселенной. Существует множество мантр, каждая из которых обладает собственными качествами, ритмом и воздействием. Когда мы произносим определённый звук, наше физическое и энергетическое тело резонируют с этой частотой. Наша энергия настраивается и синхронизируется с энергией и частотой воспроизводимых звуков. Сочетание звуков, резонанса и ритма мантры приводит к изменённому состоянию сознания, которое устанавливает рисунок для потока мыслей. Многое из того, что мы создаём, производится нашим подсознательным автоматическим программированием через произнесение или проговаривание слов/звуков. Мантры — это мощный инструмент «перепрограммирования» для создания новых программ, это код доступа к различным каналам в нашем уме.

Слово мантра произошло от первых слогов двух слов Ман(ум) и Траяте (освобождение). Мантра даёт четыре вида плодов: Дхарма, Артха, Кама, Мокша. Освобождает от любого загрязнения и любого греха, даёт удовольствие в этом мире и во всех высших мирах и дарует конечное освобождение. Мантра очищает от всех грехов, которые были совершены, сознательно и бессознательно, сжигает все кармы какие бы они не были. Сперва она сжигает плохие, а затем и хорошие.

Чтобы заставить мантру работать, надо пробудить её шакти (энергию). Мантра пробуждается после определенного количества её произнесений, для каждого человека согласно его карме. Она произносится громко, еле слышно (чтобы сосед сидящий рядом с нами едва мог ее различить), умственно. Произнесение вслух мантры очень сильное. Произношение еле слышно сильнее в десять раз. Умственное произношение в сто раз сильнее. Но нельзя пренебрегать произнесением вслух.

Мантра работает, сконцентрированы мы на ней или нет, знаем ли мы её значение или нет, думаем ли мы о чем-то постороннем или нет. Но мантра работает гораздо сильнее, если мы сконцентрированы на ней, знаем её значение и не отвлекаемся на посторонние мысли.

Мантра — это способ, помогающий очищению ума. При концентрации на слове, не обладающем значением или эмоциональным содержанием, характер деятельности Вашего мозга начинает меняться. Рассудок приходит в более спокойное, более утонченное состояние сознания.

Мантра «ОМ» («Аум»)

Универсальной, изначальной мантрой, из которой возникло всё мироздание, является слог «ом». Часто интерпретируется как символ божественной троицы Брахмы, Вишну и Шивы. В соответствии с ведическим наследием считается, что звук ом был первым проявлением неявленного ещё Брахмана, давшим начало воспринимаемой Вселенной, произошедшей от вибрации, вызванной этим звуком.

Звук «Ом» является самым священным звуком в индуизме. Помимо олицетворения индуистской божественной троицы, он, сам по себе, является наивысшей мантрой, символизируя собой Брахман (высшую реальность) и Вселенную как таковую. Три его составляющих (А, У, М) традиционно символизируют Создание, Поддержание и Разрушение — категории космогонии Вед и индуизма. Считается также, что три звука символизируют три уровня существования — рай (сварга), землю (мартья) и подземное царство (патала). Они также символизируют три состояния сознания — грезу, сон и явь, три времени суток и три способности человека — желание, знание и действие. В Ведах звук «Ом» является звуком Солнца и света. Он символизирует собой движение вверх, приближение души к высшим сферам.

Мантра «Ом» проясняет ум, раскрывает энергетические каналы и усиливает жизненную энергию, расширяет и очищает ауру. При сильном нервном возбуждении является успокаивающей мантрой. Наделяет силой все, на что она направлена. Кроме того, «Ом» усиливает все другие мантры. Поэтому рекомендуется сочетать произнесение других биджа-мантр с мантрой «Ом».

Эта мантра оказывает очищающее воздействие и помогает сознанию подняться на более высокий уровень. Мантра «Ом» отражает наше внимание от всего рассудочного, эмоционального и физического, от всего того, что может отвлечь сознание от сверхчувственного уровня восприятия. Сосредоточенность при произнесении этой мантры устраняет все препятствия на духовном пути, разум становится спокойным и умиротворенным.

Священное значение мантры «Ом» в индуизме трудно переоценить. Практически все священные тексты индуистской и ведической традиции начинались и заканчивались этим звуком. Наибольшее употребление эта мантра получила в Ваджраяне. Несколько изменилась трактовка составляющих мантру звуков: в буддизме они олицетворяют Три тела Будды (Дхармакая, Самбхогакая, Нирманакая).

Пение мантры «ОМ» («Аум»)

Пение мантры «Ом» прогоняет мирские мысли, помогает сконцентрироваться на главном и дает новые силы организму. Когда вы испытываете депрессию, пропойте мантру «Ом» сто восемь раз, и вы наполнитесь новой силой и энергией. Пение мантры «Ом» является мощным тоником. При повторении этой мантры вы почувствуете, как наполняетесь чистотой и всепроникающим светом. Те, кто поют «Ом», имеют мощный и красивый голос. Ритмичные произношения «Ом» делают ум спокойным и сконцентрированным, влияют на развитие духовных качеств, которые ведут к самореализации. Те, кто медитирует на «Ом» ежедневно, имеют огромную силу. Они обладают блеском в глазах и светом в лицах.

Мантру «Ом» также весьма благостно распевать в компании близких вам по духу людей. Во время распевания необходимо попасть в резонанс с другими голосами. Внимание фиксируется на звучании мантры «ом». При хорошей концентрации наступает эффект ощущения пространства, т.к звук сам по себе является проявлением энергии пространства.

Мантру «Ом» можно использовать для очищения предметов, помещений и пространства. Если человек страдает от психической травмы, то регулярное повторение мантры «Ом» в течение продолжительного времени поможет ему излечить её.

Мантра читается на выдохе, дыхание должно быть ровным и размеренным. Мантру принято вибрировать. И «Аум» превращается в Аааааа-уууууу-мммммм. Ведь по сути, мантра — звуковая вибрация, и это обеспечивает эффект уже от одного произнесения. Звуки необходимо произносить нараспев и в одной тональности.

Медитация на «ОМ» («Аум»)

Мантра «ом» как самостоятельно, так и в составе других мантр и дхарани часто используется в медитативной практике.

Уединитесь в тихом месте, сядьте, закройте глаза и постарайтесь полностью расслабить свое тело и ум. Сконцентрируйтесь в точке между бровями и попытайтесь заставить сознание замолчать. Начинайте повторять «Ом» про себя, ассоциируя его с идеями бесконечности, вечности, бессмертия, и т.д. Вы должны повторять «Ом» с чувством, что вы бесконечны и всепроникающи. Прочувствуйте «Ом». Простое повторение «Ом» не принесет желаемого результата. Почувствуйте, что вы чистый, совершенный, всезнающий, вечный и свободный Абсолют. Почувствуйте, что вы абсолютное сознание и бесконечное, неизменное существование. Каждая часть вашего тела должна мощно вибрировать с этими идеями. Это чувство должно сохраняться в течение всего дня. Практикуйте регулярно и устойчиво с искренностью, верой, упорством и энтузиазмом.

Традиционно во время медитации на мантру «ом» используются четки, когда вы с каждым новым произнесением «ом» перебираете одну бусинку. Это способствует погружению в медитативное состояние.

Клуб OUM.RU регулярно устраивает коллективные практики мантры ОМ (АУМ) по всей Евразии. С помощью смс-рассылки мы оповещаем всех участников и в одно и то же время читаем мантру некоторое время. Таким действием мы стараемся менять свою энергию и как следствие окружающим жить становится немного легче. **Если вы хотите участвовать в коллективном пении мантры ОМ (АУМ) — пожалуйста, пишите на адрес *info@oum.ru*.**

Йога и питание

Культура питания является одной из важнейших составных частей системы йоги. **Большинство йогов являются вегетарианцами.**

На сегодняшний день вегетарианство имеет огромное количество сторонников и увеличивается с каждым новым днём, ведь очень правильно вкладывать в своё здоровье, которое является твоим будущим. Правильно составленная вегетарианская диета оказывает благотворное влияние на организм и мощно укрепляет иммунитет. Многочисленные исследования подтверждают факт, что вегетарианство — **это абсолютно здоровое и полезное питание,** оказывающее только положительное влияние на здоровье человека. Несомненным преимуществом этой системы питания является полное отсутствие, каких бы то ни было ограничений в употреблении здоровой растительной пищи. Растительное питание — это образ жизни, который необходимо вести абсолютно всем, кто хочет прожить долгую и счастливую жизнь. Живое питание растительной пищей строго обязательно всем, начиная от ребенка и заканчивая пожилым человеком, а так же беременным женщинам, людям связанным с тяжелой работой.

Если вы занимаясь йогой, продолжаете есть животных, рыб, птиц и других живых существ, вы пока скорее всего не осознали что такое сострадание, закон кармы и реинкарнации.

В этой связи, настоятельно рекомендуем брошюру **«Карма и вегетарианство»**, выпущенную по материалам сайта *www.oum.ru*.

С медицинской точки зрения йоги рассматривают вегетарианскую пищу как более полезную и чистую, менее загрязняющую человеческий организм, чем пища животного происхождения.

Какие же продукты йоги рекомендуют исключить из питания или свести их к минимуму?

1. Мясо и мясные продукты. Помимо этических и моральных причин, прием в пищу мяса и мясных продуктов приносит много вреда для здоровья человека. В мясе содержатся ядохимикаты и токсические вещества, попадающие в организм животных вместе со съедаемым ими кормом. Мясная пища отравляет весь организм, так как вызывает процессы гниения в кишечнике, а это, в свою очередь, ведет к преждевременному старению.

2. Следует отказаться от приготовления пищи на животных жирах. Лучше заменить их растительными маслами (подсолнечным, кукурузным, оливковым, хлопковым и т.д.). Животные жиры нарушают работу печени, желчного пузыря, что вызывает различные болезни. Кроме того, животные жиры способствуют появлению атеросклероза.

3. Рекомендуется исключить из рациона сахар и продукты, насыщенные им. Любители сладкого должны заменить его фруктами, ягодами, сухофруктами и медом. Сахар ведет к возникновению онкологических заболеваний, к преждевременному разрушению зубов, вызывает нарушения обмена веществ.

4. Следует отказаться от мучных изделий, приготовленных на дрожжах (пироги, пирожки, беляши, торты, пирожные и т.д.), так как они подавляют микрофлору кишечника.

5. Йоги не выступают против молока и молочных продуктов, но рекомендуют потреблять их умеренно. Дело в том, что молоко — это очень полезный продукт, но для детей, а не для взрослых. Ни одно животное во взрослом состоянии молоко не потребляет. Не берутся в счет домашние кошки и собаки, которых люди научили пить молоко. У взрослого человека, в особенности после 40 лет, большое количество молока нарушает обмен веществ в организме, так как содержит быстроусваивающийся белок. Следовательно, необходимо помнить об умеренности при приеме молока и молочных продуктов.

Считается, что в мире существуют **пять видов наркотиков**, а именно: 1) наркотики в прямом смысле слова (опий, гашиш, марихуана и т. д.); 2) алкоголь; 3) табак; 4) кофе и 5) чай. Все они нарушают работу печени, перевозбуждают нервную систему, действуют на психику и губительно отражаются на здоровье людей.

Не стоит также употреблять в большом количестве сырой лук и чеснок. Это очень хорошие лекарственные растения и входят в состав многих рецептов, имеющихся в Аюрвёде, в смеси с другим растениями или соками. Но использовать их в своем повседневном меню не следует, так как они возбуждают нервную систему, а также раздражают слизистую желудочно-кишечного тракта.

Соль. Не менее рекомендуется не употреблять ее в большом количестве, так как она оказывает вредное воздействие на сердечно-сосудистую систему, разрушает витамины при варке овощей, нарушает обмен веществ в организме.

Нельзя употреблять слишком горячую и слишком холодную пищу, а тем более чередовать горячие и холодные блюда. Во-первых, это пагубно сказывается на зубной эмали, а во-вторых, вызывает различные заболевания органов пищеварения.

Рекомендации по питанию. Желательно делать акцент на употреблении овощно-фруктовых продуктов питания, так как считается, что растительные продукты являются естественной пищей человека. Употребляйте в пищу разнообразные овощи, фрукты, овощные и фруктовые соки, сухофрукты, зелень, ягоды, орехи, мед, бобовые. Старайтесь как можно меньше подвергать пищу кулинарной обработке. Если вы будете подвергать длительной термической обработке растительные продукты питания, то это приведет к биологическому обесцениванию пищи.

Вероятно, многие замечали, что **утром не очень хочется есть**, а тем не менее люди приучили себя плотно завтракать. Есть надо тогда, когда у вас появляется чувство голода, желание поесть. А если такого желания нет, то лучше прием пищи пропустить или поесть тогда, когда вам захочется.

Помните, что **мы едим для того, чтобы жить, а не живем для того, чтобы есть.**

Как надо есть. Речь идет о пережевывании каждого куска пищи до такой степени, чтобы он незаметно исчезал, «растворялся» без глотательных движений. Пищеварение начинается в полости рта и только та пища будет хорошо усвоена организмом, которая хорошо измельчается во время жевания и обильно смачивается слюной. Спросите у ваших знакомых, сколько жевательных движений они делают, чтобы проглотить, например, кусок хлеба? Многие отвечают, что раз 5–10. Желательно каждый кусок жевать не менее 30 раз (есть мнения что и 100, и 200 раз). При такой манере жевания вся съеденная пища почти полностью усваивается. Вы не будете потреблять большого количества пищи, так как очень скоро почувствуете сытость.

Недаром говорят, что **йог может насытиться одним бананом или коркой хлеба**, потому что съест он их не так, как это делаем мы. Жидкие продукты питания (соки, отвары, молоко и т.д) также необходимо пожевать во рту, смешать со слюной и только тогда проглотить.

Девиз йогов — **твердую пищу пей, жидкую пищу ешь.**

Не стоит также запивать еду жидкостью, потому что это способствует быстрому заглатыванию пищи без жевания, а кроме того, пища не смешивается со слюной и дальнейшее ее всасывание в организм проходит плохо.

И в завершении скажем **несколько слов о сыроедении.**

При сыроедении предлагается употреблять живые продукты, которые не подвергались термической обработке. Эта практика питания не всем возможно подойдет, однако если вы уже чувствуете, что готовы к этому — смело можем вас поздравить, так как при таком режиме питания у вас **высвободится много времени и появится много сил и** энергии для благих дел и эффективных действий.

Сыроедение способствует единению человека с природой и возносит его на качественно новую ступень духовного развития**. Сыроед не зависит от еды, он не раб своего желудка, а сильная личность, способная творить и созидать.**

По материалам статьи А. Зубкова

Йога и семейные отношения

Приступая к рассмотрению йоги и семейной жизни, начинаешь понимать, что однозначных выводов сделать не получится.

Сами взаимоотношения йоги и семейной жизни могут выстраиваться с разных позиций. Нужно учитывать, что в разные времена и к йоге, и к семейным отношениям относились по-разному. В этой связи, мы хотим рассмотреть несколько таких вариантов на ярких и показательных примерах.

Если в настоящее время мы кому-нибудь рассказываем о йоге, то у человека, который близко не знаком с этим инструментом для самосовершенствования, могут возникнуть ассоциации, что йога — это длинные волосы, пещера, поза лотоса и ещё, возможно, левитация, то есть крайне аскетичный образ жизни, в котором нет места, ни родным, ни любимым, ни друзьям, никому, кого мы подразумеваем под термином «семья». И это нормальная точка зрения человека нынешнего, потому что из многих источников мы узнаём, что большинство йогов, в том понятии, так и жили.

Вначале рассмотрим семейную жизнь йогов, именно, с этой позиции.

Очень показательным будет пример из жизни Славного Джецюна Миларепы, жившего в XII веке.

Почти всё своё время он отдавал служению Дхарме и, в основном, занимался медитацией сидя в гималайских пещерах в одной набедренной повязке. Это классический образ Йога. Если обратиться к первоисточникам , то можно узнать, как этот человек, достигший в Йоге очень многого, рассматривал семейные отношения.

Цитаты из сборника «Сто тысяч песен Миларепы»:

«Сначала женщина — ангел небесный:
Чем больше смотришь на нее,
тем больше хочется смотреть.
В среднем возрасте она становится демоном
с глазами трупа.
Вы говорите ей слово — она вам криком возвращает два,
Она треплет вас за волосы и тычет вас под коленку,
Вы ударяете ее своей палкой — она запускает в вас черпаком.
К концу жизни она превращается в старую корову без зубов.
Ее злые глаза горят дьявольским огнем,
Пронзающим ваше сердце!
Я держусь в стороне от женщин
во избежание ссор и неурядиц».

«В юности, сын — принц небесный:
Вы его любите так, что трудно не выдать страсть.
В средние годы он становится подобен
безжалостному просителю,
Которому вы отдаете все, а он хочет еще больше.
И вот уже выставлены из дома дорогие родичи —
В дом вплывает любимая очаровательная пава.
Отец зовет его, а он — нет, не ответит.
Мать восклицает, а он — нет, не слышит.
Тогда за дело принимаются соседи,
распространяя клевету и сплетни.
Вот как я знаю, что ребенок чаще всего
превращается во врага.
Держа это в уме, я отвергаю путы Самсары».

«В юности дочь — улыбающийся ангел небесный:
Она привлекательней и драгоценней самоцветов.
Взрослой она не годится ни на что.
Она открыто уносит вещи из-под носа у отца,
Она потихоньку таскает их за спиной у матери.
Если родители не превозносят ее
И не потворствуют ее прихотям,
Им придется терпеть ее колкости и норов.
В конце концов ее лицо краснеет и в руках появляется сабля.
Лучшее, что она может, —
прислуживать и отдавать себя другим,
Худшее, чего от нее можно ждать, — проблем и трагедий.
Женщина — это венный нарушитель спокойствия.
Держа это в уме, лучше избегать непоправимых несчастий,
На женщин, один из главных источников страданий,
у меня нет аппетита».

Прочитав слова Великого Йогина, у обывателя может сложиться мнение, что все Йоги такие.

Но, дабы развенчать возможное недоразумение, рассмотрим другой пример.

Мы рассмотрим пример из жизни Учителя Миларепы. Марпы из Лходрака.

Марпа был мирянином. Он родился в зажиточной семье тибетских землевладельцев. Ничего не предвещало его тяги к йогической традиции. Но следуя своей карме, Марпа начал заниматься йогой по-взрослому. Он посетил Индию и Непал с целью улучшения своей практики. У него было три путешествия в Индию и Непал и только после третьего, он стал зажиточным семьянином, женившись на Догмеме. И стал отцом семерых детей. Следует добавить, что у него было несколько жён. Как видите, йогическая традиция не означает полного затворничества. И для того, чтобы полноценно заниматься Йогой можно, вполне комфортно, жить семейной жизнью.

Также сюда можно привести пример ещё одного Великого Йога-Мудреца-Васиштху. Будучи, величайшим Йогом, он содержал свою жену Арундхати. Также у него было сто сыновей. Это совершенно не мешало ему практиковать Йогу повзрослому, в истинном её значении.

Был ещё один Великий Мудрец — Вималакирти, современник Будды Шакьямуни. Будучи «отшельником» в высокодуховном смысле слова, Вималакирти, тем не менее, активно посещал в Вайшали питейные и игорные заведения, а также бордели, распахивая глаза посетителям на природу сжигающих их страстей. Он также успел повстречаться при разных обстоятельствах со всеми ближайшими учениками Будды, указав им в сугубо практических ситуациях на формальное истолкование и поверхностное следование Учению Победителя, продемонстрировав при этом колоссальную разницу в постижении и реализации. Вызвав у себя болезнь физической оболочки, Вималакирти наглядно продемонстрировал большому собранию людей и нечеловеческих существ ограниченность телесно-ориентированных практик. Он направлял к просветлению благодаря простому слушанию своих речей.

Взгляд на женское начало в отношениях начинается с Великой Матери, или Супруги. Этот аспект женственности упоминается в биографии Мачиг Лабдрон. Мачиг Лабдрон считается перерождением Еше Цогель, супруги Падмасабхавы, великого учителя принесшего учение Будды и Йоги в Тибет. Занимаясь практикой Чод это не мешало ей исполнять свое женское предназначение. В теле Мачиг Лабдрон она получила пророчество: «Ты должна соединиться с Топабхадрой. Это приведет к возникновению новой линии переемственности и распространению учения». Мачиг получила наставления и еще многие предсказания и решила соединиться с Топабхадрой. Многие мирские люди считали это нарушением монашеского обета и осуждали ее. Лама в пророчестве сказал: «Ты не нарушила своих обетов. Топабхадра — человек благородного происхождения. Тебе следует выйти за него замуж и дать начало новому роду; это принесет благо множеству живых существ». Исполняя свои обязанности и практикуя Мачиг отправилась с Топабхадрой в Тибет, она родила сына и назвала его Друбпа, что значит «исполнение», поскольку его рождение было исполнение пророчества. Переселяясь по Тибету и распространяя учение Мачиг родила второго сына и дочь.

Еще взгляд на семейные отношения из биографии жизни Принцесы Мандаравы. Когда она была в подростковом возрасте, слава о ее красоте разнеслась по всему миру и к ней приходили свататься многочисленные женихи. Но она покинула дворец в сопровождении служанки. Скрывшись в лесу, она молилась о том чтобы ей довелось стать монахиней, а не замужней женщиной. Она рвала на себе волосы и царапала лицо, чтобы обезобразить его, таким образом, чтобы никто из женихов не пожелал ее. Затем она погрузилась в медитацию. По возвращению во дворец отец сообщил многочисленным женихам, что принцесса приняла монашество. Для обучения Мандаравы к ней явился Падмасабхава, его пригласили в монастырь, чтобы он изложил учение. Падмасабхава дал Мандараве наставления в йоге и они приступили к практике. В царстве отец узнав о случившемся приказал сжечь Падмасабхаву, а Мандараву сбросить в яму. Был организован костер и во время ссожения земля содрагнулась и на месте костра появилось озеро. В центре находился маленький мальчик похожий на Падмасбхаву вокруг стояли восемь дакинь похожих на Мандараву. Царь просветлев умом, прося прощения выдал Мандараву замуж за Падмасабхаву. Через некоторое время Падмасабхава решил отправиться распространять учение в Китай, Тибет и Непал, сообщив Мандараве, что собирается покинуть ее. Погруженная в печаль и отчаяние Мандарава покинула дворец. К ней явился Падмасабхава и сказал: «Ты не владеешь своими чувствами как же мне обучать тебя тайнам высшей йоги?» Он взял ее с собой в пещеру, где они приступили к практике видьядхары бессмертия. Через какое-то время они обрели сиддхи видьядхары вечной жизни, так что стали неподвержены старению и смерти. Далее они отправились распространять учения принося высшее благо неисчислимому множеству живых существ.

Рассмотрев семейные отношения в своей связи с Йогой, на примерах Великих Йогов и Йогинь, прелагаем вернуться в нашу реальность.

К большому сожалению, современные понятия слова «семья», совершенно далеко от истины. В этом не сложно убедиться, посмотрев статистику разводов по ЗАГСам. Большинство людей не понимают для чего нужно создавать семью и рожать детей. Они это делают по привычке. Потому что, так надо. Поэтому, связываясь вместе, к сожалению, они ещё больше разрушают друг друга, а не дополняют. Конечно, всегда есть исключения. Выбор каждого зависит от многих факторов. Все мы разные и у каждого свои уроки.

Подводя итог всему, выше изложенному, можно сказать, что мы имеем большие возможности изменить как самих себя, так и окружающий нас мир. Принося благо всем живым существам. И одним из направлений может служить семейная жизнь, где глубоко сочетается постижения взаимоотношений женского начала — энергия мудрости и любви и энергии благой активности — силы начала мужского. Что несомненно даст богатые плоды от приложенных Вами трудов!

Занимайтесь Йогой по-взрослому! Будьте по-настоящему счастливы в Семье! И это будет Великим Благом для Всех!

Авторы статьи — преподаватели клуба OUM.RU
Роман Косарев ии Ольга Бедункова

Аура и влияние йоги на ауру человека

В настоящее время всё больше и больше людей принимают возможность существования ауры.

Аура — одноцветное или радужное сияние, наблюдаемое вокруг головы и всего тела человека.

Аура среднестатистического человека имеет яйцеобразную форму, окружающего физическое тело подобно кокону бабочки. Толщина «кокона-ауры» обыкновенного человека имеет размер около пяти сантиметров. По мере роста духовности аура начинает расти в верхней области тела, т.е. в районе груди и головы. Такой процесс приводит к возникновению так называемой солнечной ауры, которая имеет шарообразную форму с центром в мозговых центрах, т.е. в голове. Размер солнечной ауры бывает от 25 до 37 сантиметров, и её размеры увеличиваются.

Источником ауры являются тонкоэнергетические центры человека, которые в восточной науке названы чакрами.

Аура имеет цвет, который может быть различным у разных людей. Бывают одноцветные ауры, а также радужные, т.е. состоящие из различных цветов. Цвет ауры меняется в зависимости от мысленной и эмоциональной деятельности человека. Речь идёт как об осознанной, так и неосознанной психической деятельности. Последний факт делает цвет ауры абсолютно не подвластным рассудочной деятельности голого ума. То есть цвет ауры говорит об истинной внутренней жизни человека.

Так как мыслительная деятельность среднестатистического человека протекает очень быстро (на одно слово десять мыслей), то аура мыслящего человека будет подвижной, т.е. будет наблюдаться живая игра излучений. И, наоборот, у человека с зачаточными способностями мышления аура будет отличаться пониженной динамикой.

При болезни окраска ауры тускнеет. При недостойных мыслях на ауре появляются серые пятна.

Аура несет в себе, прежде всего, информацию как из прошлых реинкарнаций, так и из настоящей жизни. По ауре можно «прочитать» события прошлого и настоящего. А при знании некоторых законов кармы можно определять вектор будущих действий человека, которые зависят от настоящего содержания его ауры, т.е. можно предсказать его будущее с довольно большой вероятностью.

Каждое произнесённое слово наносит глиф на ауре. То есть слова вызывают психические эманации, которые оседают на ауре. Поэтому нужно заботиться о чистоте речи, которая, впрочем, есть лишь следствие мысленного процесса. Другими словами, культурность и духовность речи обусловлена внутренним психическим состоянием человека.

Рост ауры происходит только изнутри, т.е. при правильном, естественном и гармоничном развитии тонкоэнергетических центров (чакр). Рост ауры зависит от гармоничного, естественного развития чакр, что достигается лишь духовной, нравственной и этической работой собственной души. Только путём трансформации грубых чувств в возвышенные, высоконравственные и общеполезные мысли, возможно развитие нормальной яйцеобразной ауры вплоть до формы высшей «солнечной» ауры.

Конечно, на пути духовно-нравственного развития станет просто необходимым надлежащий образ жизни. Так гармоничное развитие ауры просто невозможно при приёме алкоголя, никотина, мясной пищи, при беспорядочном выборе круга общения и пребывания, т.к. все эти компоненты напитывают тонкое тело частицами, пагубно влияющими на работу тонкоэнергетических центров.

Резкие движения и ненужные колебания нарушают форму ауры. Быстрые ритмичные движения не причиняют вреда ауре, но судорожные, беспорядочные движения, как иглы, ранят её. Поэтому нужно воспитывать культуру движений, особенно у детей.

Форма и ритм движений человека — его походка, жестикуляция, манера поведения — дают информацию о состоянии ауры. Поэтому необходимо проводить комплексные исследования, связывающие воедино все данные об аурических проявлениях.

Среди множества современных способов поддержания физического и душевного здоровья вот уже много лет особое место занимают древние практике, сохраненные в восточных странах. Наиболее известными из которых является — йога.

Одним из средств, инструментов совершенствования физического тела, а затем и духовной составляющей личности, является уравновешивание энергетики человека. Практически все методики используемые в йоге, направлены на усиление и гармонизацию энергетических центров — чакр, налаживание правильной циркуляции энергии (праны) в эфирном теле человека, на создание сильной и здоровой энергетической оболочки — ауры.

Бесконтрольно заниматься йогой довольно опасно — без глубоких знаний и понимания сути этого учения можно нанести себе непоправимый вред. Хорошо, если вам посчастливилось попасть в группу, руководимую опытным инструктором, отдавшим йоге не одно десятилетие хотя бы в этой жизни.

Находясь в чистом месте, в горах, на природе — есть возможность, устранить энергические перекосы в ауре человека, так называемые — энергетические пробои, привести к балансу и значительно улучшить качество энергии. Такая возможность будет, например, у участников йога-лагеря АУРА, с подробностями можно ознакомиться на сайте *aurayoga.ru*.

Человек, практикующий йогу, со временем начинает видеть ауру и ощущать чакры самостоятельно. Это помогает в повседневной жизни избежать многих неприятных ситуаций, когда приходится в социуме сталкиваться с людьми, которые выдают желаемое за действительное.

Закон кармы

Закон кармы — один из самых сложных законов нашего мира. Его сложность заключается в его неоднозначности — в зависимости от типа человека, от энергии, которая его окружает, проявления закона кармы могут быть различными.

И в этом заключается основная сложность. Необходимо учитывать большое количество факторов.

Как можно объяснить то, что у двух людей может быть совершенно разный взгляд на одну и ту же проблему?

Люди настолько отличаются друг от друга — и уровнем развития, и условиями, в которых они живут, и тем, к чему они стремятся. При этом не стоит забывать, что именно уровень развития человека определяет, какого рода энергия будет его окружать.

Существует три основных типа энергии, которые обуславливают поступки человека: тамас, раджас, саттва. Эти виды энергии определяют, какое решение будет принято человеком.

Рассмотрим для примера такой вопрос: «Помогать или не помогать больным детям?»

Человек, который находится в невежестве, выберет вариант «Помогать», как бы это парадоксально не выглядело, так как он не может предвидеть всех последствий своего поступка.

Человек, обуянный страстью, тоже решит помочь, потому что на самом деле он не понимает, что делает, им управляют страсти, он в каком-то смысле «слеп».

Человек, пребывающий в саттве, может выбрать любой из этих вариантов, в зависимости от того, что он будет думать о реинкарнации, о своем следующем перевоплощении или о возможном перевоплощении другого существа. Это и определит его решение.

Самое главное здесь понимать, что существует три разных типа энергии, и что у обычных людей эти три типа энергии смешаны. Будет ошибкой считать какого-то человека на сто процентов саттвичным, или раджастичным, или тамасичным. Существуют определенные смешения этих энергий, и поэтому действия человека могут быть различными в зависимости от ситуации.

Существуют такие понятия, как акарма, викарма, карма. Акарма — это действие без последствий для того, кто его выполняет. Карма — это закон обратной связи — «что посеешь, то и пожнешь». Викарма — когда человек знает, что его поступок приведет к негативным последствиям, но все равно поступает так и ничего не может с этим поделать.

Давайте теперь рассмотрим, чем отличается «карма» от «судьбы».

Возьмем, к примеру, обычного человека: в своих прошлых жизнях он накопил карму, а перед тем, как он родился в этом мире, была определена его судьба. Если в этом воплощении этот обычный человек живет, совершая негативные деяния, его судьба будет постепенно ухудшаться. Однако это зависит от того, какая энергия окружает человека: если саттва, то ему очень быстро все вернется, если же невежество, то он так ничего и не поймет в этой жизни.

Если человек начинает заниматься йогой, он может изменить свою судьбу. Правда в таком случае можно сказать, что у этого человека была карма заняться йогой и изменить свою судьбу.

Вот вам пример: у человека есть карма попасть в аварию и сломать ногу. Если он будет заниматься самосовершенствованием на коврике, то перестрадает эту аскезу. Когда вы занимаетесь на коврике и вдруг, спонтанно, у вас что-то заболело... это, скорее всего, выходит какая-то карма, которая в будущем могла бы привести вас к страданиям.

В этом и состоит ценность йоги! В том, что с помощью йоги человек может изменить тот негативный запас кармы, который у него есть.

Бытует мнение, что карма нижних миров накапливается в ногах человека. Карма ада накапливается в голеностопах и ступнях. Карма мира животных — в голенях и коленных суставах. Карма голодных духов или очень бедных людей — в бедрах.

Карма полубогов или демонов — в руках и суставах рук.

Когда, с помощью определенных асан, вы преодолеваете эти ограничения, вы становитесь более подвижными и боль в ногах проходит... Однако, имейте в виду, что стоит человеку, практикующему йогу, пообщаться с какими-то людьми, у которых очень большие проблемы в ногах, как эти проблемы проявятся и у него. И вот снова надо все заново разрабатывать и терпеть проблему, которая теперь становится вашей.

В этом и заключается миссия йога — «посредством личной практики оказывать определенное благо окружающим».

Закон кармы очень жесток по отношению к эгоистам и очень справедлив к тем людям, которые занимаются самосовершенствованием.

Давайте рассмотрим примеры того, как работает карма, так сказать рассмотрим карму «в действии».

Первый пример: когда маленькому ребенку меняют памперсы, у него сжигается позитивная карма. Т. е. в тот момент, когда за ним ухаживают, создается карма, по которой ему впоследствии в свою очередь придется за кем-то ухаживать. А может быть, все было по-другому: возможно этот человек в прошлой жизни за кем-то ухаживал, и поэтому сейчас кто-то ухаживает за ним. И то, как он относился в прошлом к этому «кому-то», определит то, как к нему будут относиться теперь в настоящем.

Вам может показаться, что это несправедливо по отношению к маленькому ребенку. Однако закон есть закон, и незнание закона не освобождает от ответственности.

Рассмотрим еще один пример: маленький ребенок во время обеда в ресторане обливает маму соком. Тем самым, он накапливает карму, и никакого снисхождения для него быть не может.

Ведь он является живым существом, у которого есть выбор поступить так или иначе.

Если ребенок поддался влиянию негативных энергий и поступил негативно, это был его выбор. Почему он поддался влиянию этих энергий?

Учтите, что, поступая таким образом, ребенок «снимает» негативную карму со своей мамы — у этой мамы была карма быть облитой. Если она не смогла воспитать его по-другому, то ребенок, соответственно, накопил соответствующую карму. Когда-то в будущих жизнях ему самому предстоит стать такой же мамой, и тогда его в свою очередь обольют. Или же наоборот, это мама когда-то сама была ребенком и облила свою маму.

Вся информация о действиях живых существ фиксируется, и никто не может «обойти» закон кармы.

Существует теория, что в Сатья-югу закон кармы был максимально лоялен по отношению к человеку. Но что потом именно Шива со своими помощниками (демонами, которые отвечают за поддержание баланса мира) выступил в качестве мерила. И эти демоны стали претворять в жизнь закон кармы, дабы зарвавшиеся грешники не накопили безмерное количество кармы.

Существует определенный институт, который отслеживает все действия и корректирует судьбу человека с тем, чтобы его душа не деградировала, а развивалась.

Поэтому всегда надо помнить о следующем принципе: «Поступай с другими так, как ты хочешь, чтобы поступали по отношению к тебе».

Или: «Что посеешь, то и пожнешь».

Если с вами происходит какое-то событие, это означает, что, вы накопили эту карму ранее и сейчас у вас «воздаяние». Или же что вы накапливаете карму сейчас, в таком случае «воздаяние» вас ожидает позднее, хотя и не обязательно в следующей жизни.

Вернемся к вопросу об энергиях. Как уже было описано выше, все зависит от того, какая энергия вас окружает. В зависимости от этого последствия ваших поступков могут быть отличны. Если обычный человек с обычной энергией совершит какой-либо поступок, пребывая в невежестве (самый распространенный вариант), то впоследствии к нему вернется примерно то же самое. Если же тот же самый поступок будет совершен человеком с максимально позитивной энергией, человеком, находящимся в благости, то результат этого действия будет совершенно иным.

То есть в данном случае одно и тоже действие будет иметь различные последствия.

Попробуем разобраться с влиянием энергии саттвы на закон кармы на примере: «Представьте себе такую ситуацию: террористы заложили бомбу, и каким-то образом об этом узнал человек, находящийся в энергии саттвы. Если он украдет взрывчатку, каким поступком это будет с точки зрения кармы — хорошим или плохим?»

На самом деле, результат от действия такого человека будет всецело зависеть от той энергии, которая преобладает на данный момент у этого человека. В саттве полностью отсутствуют какие-либо побудительные мотивы. Саттва подразумевает «недеяние» в абсолютном смысле. Если человек в саттве что-то делает, то он делает это только для того, чтобы помочь другим людям. И если он украдет взрывчатку, то он будет нести ответственность за жизни тех людей, которых он спас. Он должен помочь этим людям эволюционировать, развиваться, а не оставлять их с той же кармой.

Например, умирает ребенок, и вдруг появляется человек, который спасает ему жизнь. Тем самым он вмешивается в ход кармы, и теперь он кровно заинтересован в том, каким человеком вырастет этот ребенок, какие деяния он будет совершать.

Если ребенок вырастет негодяем, то плохая карма будет у того, кто помог этому ребенку. И наоборот, если ребенок вырастет и будет приносить благо, то благостная карма будет накапливаться и у того, кто ему помог.

Как же обычному человеку понять, благо принесет его поступок или нет.

Ответ простой: самое простое мерило — это ваше отношение к данному поступку. Помните о принципе «Поступай с другими так, как ты хочешь, чтобы поступали по отношению к тебе». В том случае, если самостоятельно разобраться никак не получается, всегда можно проконсультироваться у компетентного человека, почитать толковые книги. В любом случае вы должны накапливать информацию и развивать понимание, чтобы быть в состоянии принять то или иное решение. Все решения, которые вам придется принимать, будут вашими экзаменами, «экзаменами жизни».

Никогда не следует забывать о законе кармы. И свои поступки необходимо оценивать в соответствии с ним.

Чем больше человек «понимает», чем «трезвее» он становится, чем больше он «пробуждается», тем больше он начинает понимать, что добро и зло — понятия относительные. Зачастую бывает так, что то, что в общепринятом смысле считается добром, на самом деле им не является. Также и со злом.

Возьмем, к примеру, обычай дарить женщинам цветы. Как эта ситуация выглядит в глазах разумного йога?

Когда человек удовлетворяет примитивные страсти, он забирает энергию у другого человека. Если мужчина дарит женщине цветы, мертвые цветы, он вводит ее в заблуждение и забирает ее жизненную энергию благодарности. Но есть ещё важная проблема, малоизвестная людям. Сам процесс дарения цветов, связан с черно магическими ритуалами, когда сорванный цветок, продолжает тянуть по своему стеблю жизненную энергию окружающего пространства. И когда нет его корней, он отбирая втягивает в себя энергию окружающих. Милые дамы, которым дарили большие охапки цветов, наверняка вспомнят какое после наступает опустошение.

Редко, но бывает так, что выполнение какого-либо действия не приводит к накоплению кармы. Все зависит от того, кто и как выполняет данное действие. Бодхисаттвы, например, живут в состоянии акармы, так как, спускаясь в низкий мир, они совершают поступки, не будучи при этом заинтересованными в результате.

Поэтому, можно сказать, что не накапливают карму только святые. Пока человек находится в пути, пока он развивается, пока он не достиг высших ступеней развития, у него всегда есть шанс потеряться, деградировать. Поэтому йоги стараются поддерживать себя на определенном уровне, так как вероятность оступиться и «упасть» всегда есть.

Нет проездного билета через сансару?!

В писаниях описываются случаи, когда Бодхисаттва собирается перевоплотиться в низкий мир для помощи людям, а его друзья-Боги буквально рыдают, потому что они знают заранее, что его ждет после рождения в человеческом теле, на какие муки он себя обрекает.

Искреннее и сострадательное отношение Бодхисаттвы не позволяет карме накапливаться. Этот закон работает и в отношении обычного человека, проблема в том, чтобы сострадание было настоящим, оно должно быть саттвичным, а не тамасичным, а обычный человек, как правило, на такое не способен.

Обычный человек обуян страстями, он всегда чего-то «желает»... Когда вы сильно чего-то желаете, задумайтесь на минутку, к каким последствиям приведет исполнение этого желания, какую кармы вы накопите при этом. Это действительно то, чего вы хотите? К желаниям нужно относиться очень осторожно.

Бывает так, что люди не выдерживают воздаяния по карме. Тогда они убивают себя...

Какая глупость, и какая растрата. Ведь получить человеческое тело крайне сложно! Возможно, пройдет немало времени, прежде чем такой самоубийца сможет вернуться в человеческий мир. А ведь только в этом человеческом мире возможно самосовершенствование. В более низких мирах есть только страдание, там невозможно заниматься практиками совершенствования. В более высоких мирах слишком много наслаждений, и не хватает времени заниматься практиками.

Как правило, люди не помнят своих предыдущих жизней, так как при перевоплощении срабатывает защита живатмы от того мира, в который вы попали. Если бы вы помнили, в каких ужасных мирах вы находились, вас бы знобило. Если бы вы знали, в каких прекрасных мирах вы жили раньше и сравнили с тем, как приходится жить сейчас, вас бы также знобило. Потому как человеческий мир, в котором мы с вами находимся, с точки зрения высоких миров — сущий АД. Максимальный уровень рабства для души.

С точки зрения низкого мира — наш мир прекрасен. Если вы видите человека, который на полную катушку прожигают жизнь, знайте, что, скорее всего, он пришел из низкого мира. По сравнению с низким миром наш мир — сплошная нирвана.

При желании вспомнить предыдущие жизни можно. Мы закрыты от этой информации в защитных целях, однако, если вы готовы и чувствуете, что достаточно сильны для такого опыта, вы можете вспомнить. Это не настолько сложно, как кажется.

Существуют различные методы, которые позволяют человеку «вернуться» в прошлое. Такое возможно с помощью йоги, или, например, с помощью регрессивного гипноза, хотя второй метод считается более опасным из-за участия посредников.

Лучше выстраивать личные взаимоотношения с Богами и обращаться к ним за помощью напрямую.

Если человек, следующий по пути йоги, сталкивается со своими прошлыми жизнями, он становится гораздо более осознанным. Такой человек будет по-другому относится к этой своей жизни, и этот новый уровень понимания уже не покинет его.

То, как долго (как много жизней) человеку придется отрабатывать накопленную карму, зависит от того, какая энергия его окружает. Если человек пребывает в саттве, то все события происходят достаточно быстро. Если в раджасе, то «откат» кармы может прийти даже в этой жизни, правда не сразу. Из-за этого временного разрыва человек в раджасе не может увидеть причинно-следственную связь между событиями.

Для человека, пребывающего в невежестве, процесс возвращения кармы может быть очень долгим. И у таких невежественных людей может появиться иллюзия, что они являются властелинами вселенной, что ни Бога, ни закона кармы не существует на самом деле, что жизнь одна и надо успеть взять от жизни все. Такое отношение является хорошим индикатором того, что человек пребывает в невежестве. Однако это не случайность. Такие условия создаются специально. По определённым кармическим законам, в низкие миры на перевоспитание, нельзя отправить душу, у которой есть энергия Благодарностей. Такой душе создают условия власти и вседозволенности в средних мирах, как например наш. А когда душа растратит Благодарности на власть, деньги, амбиции и соперничество, её отправляют надолго и по серьезному дальше — вниз, в более драматические условия за воздаянием. Для кого-то, этот жесткий метод воспитания, единственно доходчиво понятный, перед тем как он начнет карабкаться обратно — вверх: к развитию, преодолевая Эго концепции и переживая целостность мира вокруг, через служение окружающим, как самому себе...

Если вы дочитали до этого места и у вас есть жизненный опыт в этом мире или мудрость из прошлых жизней, вы во многом со мной согласитесь. Это жесткая правда. И возникает вопрос — как быть? Дабы не стат заложником невежества и уйти достойно из этого мира дальше по пути Развития. Мой опыт, достойные писания, и мнение компетентных людей говорит — что одним из действенных способов является Йога, Йога по-взрослому, когда время и энергию жизни тратят не на развлечения, материальный достаток или соперничество, а на совершенствование себя и Мира вокруг. Занимайтесь, пожалуйста!

Из лекции Андрея Верба, преподавателя йоги клуба OUM.RU

Легенда о царе Ангатии и Нараде Кашьяпе

Рассказ о том, как ложное воззрение может влиять на суждения и образ жизни, а также к чему может привести жизнь в состоянии невежества.

Когда-то царствовал в Видехе
Ангатий, доблестный воитель.
Казною был богат и войском,
Имел в достатке колесницы.
И вот однажды, светлой ночью
(Тогда настал осенний праздник
И отмечали полнолунье),
Он созывает приближенных —
Ученых, знающих, умелых
И в обращении учтивых.
Здесь был Алата-воевода,
А с ними — Сунама и Виджая.
К ним царь с вопросом обратился
«Скажите, чем бы нам заняться?
Сегодня праздник полнолунья,
На чистом небе месяц светит.
Как можем мы себя потешить,
Воспользоваться это ночью?»

Тогда Алата-воевода
Царю ответил самым первым:
«Вели-ка воинам собраться:
Поднимем войско по тревоге
И всей несметной силой ратной
Отправимся в поход, о кшатрий.
Е всех ещё мы победили,
А победить бы всех хотелось.
Поэтому я предлагаю
Померяться с врагами силой».
Услышав это предложенье,
Сунама с ним не согласился:
«Твои все недруги воитель,
Сегодня съехались в столицу
И не злоумышляют больше,
Но признают твое главенство.
Сегодня праздник, не забудьте.
Не вижу смысла я в походе!
Не лучше ли нам поскорее
Отправить слуг за угощеньем,
Призвать певцов и музыкантов
И наслаждениям предаться?»
Услышав это предложенье,
Виджая с ним не согласился:
«Услады, государь,— не новость,
Ты их всегда себе доставишь.
Нам наслаждения привычны,
А радости от них не много.
Нам нужен брахман или шраман,
Наставник и учитель дхармы!
Он нас избавит от сомнений
И даст благие наставленья».
Услышав это предложенье,
Царь с одобрением воскликнул:
«Виджая предлагает дело,

Его намеренье удачно!
Нам нужен брахман или шраман,
Наставник и учитель дхармы.
Он нас избавит от сомнений
И даст благие наставленья».
Услышав речи государя,
Сказал Алата-воевода:
«Живёт у нас в оленьем парке
Из рода кашьяпы подвижник
По имени достойный — Гуна;
Он проповедует умело
И окружен учениками,
Нагой он ходит, без одежды.
Его считают люди мудрым».
Услышав речи воеводы,
Послал Ангатий за возницей:
«Готовь возничий колесницу,
Мы в парк немедленно поедем».
Тот быстро подал колесницу
С сиденьем из слоновой кости
Серебряною окаёмкой
Она сияла и сверкала,
Как полная луна на небе;
Четверка рысаков в упряжке,
Как на подбор, все белой масти,
А на бегу быстры, как ветер,
Притом совсем не норовисты.
Все было белым: кузов, кони,
И царский зонт, и опахало.
В сопровожденье приближенных
Царь выехал на колеснице
И был прекрасен, словно Чандра.
Скакали верховые следом
И сабли наголо держали.
Так ехал царь, не больше часа;

Затем сошел он с колесницы
И с приближенными своими
Пришел туда, где жил подвижник.
Кругом ученики сидели
И брахманы, текла беседа.
Царь никого не стал тревожить.
Он здесь не мог распоряжаться.
И окруженный всяким людом,
Неподалеку царь уселся
На мягких набивных подушках,
Расположился поудобней
И вежливо беседу начал:
«Всего ли у тебя в достатке?
Ты крепок ли теперь здоровьем?
Как добываешь пропитанье?
Не трудно ль жить тебе, почтенный?
Не болен ли какой болезнью?
Не жалуешься ли на зренье?»
Вайдехе, преданному дхарме,
Подвижник отвечал учтиво:
«Все у меня благополучно,
Болезни мне не докучают.
А ты здоров ли, царь Видехи?
Тебя не донимают бунты?
А рысаки твои здоровы?
Не поломалась колесница?
Не мучат ли тебя болезни?
Они не редко губят тело!»
Так царь Видехи и отшельник
Приветствиями обменялись
Царь времени не тратил даром,
Он тотчас перешел к расспросам
О том, чего ему держаться,
О смысле дхармы и о пользе:
«Как почитать согласно дхарме,

Отца и мать? Ответь, подвижник!
А как нам быть с учителями?
Каков наш долг перед семьею?
Как относиться к старшим нужно?
А как — к отшельникам, монахам?
Как обращаться нужно с войском?
Чего держаться в управленье?
Как правильно исполнить дхарму,
Чтоб после смерти быть счастливым?
Как те, кто нарушает дхарму,
В ад попадают после смерти?»
И на вопрос царя Видехи
Ответил Кашьяпа-подвижник:
«Скажу я истинную правду,
Внимай мне, государь, прилежно:
Хоть следуй, хоть не следуй дхарме —
Плода не будет никакого.
Не существует того света:
Никто оттуда не вернулся,
Нет, государь, покойных предков,
Родителей не существует.
Учитель бесполезен в жизни:
Того, кто буен от природы,
Не сможет усмирить учитель.
Все существа равны друг другу,
И старших почитать не нужно.
В труде, в старанье нету смысла,
А мужество всегда бесцельно.
Все существа судьбой влекомы
Как бечевой влекома лодка.
Что суждено — то и получишь.
Плодов даяний не бывает,
А приношенья бесполезны.
Ни власти нету, ни усилий.
Кто поглупей — дары приносит,

Кто поумней — их получает.
И все глупцы в самообмане
Невольно одаряют умных.
Всего семь сутей существует.
Они неразложимы, вечны:
Земля, вода, огонь и воздух,
Затем — несчастие и счастье;
Душа считается седьмою.
Никто их разложить не может,
Несокрушимы эти сути,
И истребить их невозможно:
Ведь меч проходит между ними.
Кто рубит голову на плахе,
Не задевает эти сути.
Как можно видеть здесь убийство?
Пусть восемьдесят кальп минует,
Потом еще четыре кальпы —
Тогда все души чисты будут.
Нет раньше срока избавленья,
Какие ни блюди обеты.
И сколько б ты добра ни делал,
Освобожденья не ускоришь;
А можешь нагрешить без меры —
Освобожденья не замедлишь.
Очистимся мы постепенно
За восемьдесят кальп и дольше.
Не побороть необходимость —
Ведь море на берег не выйдет!»
Послушав поученья Гуны,
Сказал Алата-воевода:
«Признаюсь я, ученье это
Мне кажется правдоподобным.
Я помню прошлое рожденье,
Предшествующее этой жизни:
Я был забойщиком скота в ней

И был как Пингала известен.
В Варанаси, великом граде,
Я совершил грехов немало,
Без счета резал скот на мясо:
Свиней, овец, козлов, баранов...
Но после смерти я родился
Богатым, сыном полководца.
А значит, нет плодов злодейства,
Иначе быть бы мне в кромешной!»
Сидел там раб неподалеку,
Что Биджакою прозывался.
Он Кашьяпу пришел послушать,
Хоть и постился в полнолунье.
Услышал он ученье Гунны
И сказанное воеводой
И, тяжко-тяжко воздыхая,
Заплакал горькими слезами.
Его окликнул царь Видехи:
«Скажи, любезный, что ты плачешь?
Ты удручен какой-то вестью?
Что тяготит тебя? Откройся!»
Вопросу царскому внимая,
Ответил Биджака правдиво:
«Ничто не тяготит мне душу.
Послушай, царь, что расскажу я.
Я помню прошлое рожденье:
Там жизнь моя была счастливой.
Ведь был я в городе Сакете
Купцом и прозывался Бхава,
Был предан дхарме, уважаем;
Подвижникам и неимущим
Я неизменно был опорой;
Ни одного греха в той жизни
Яза собою не припомню.
Но после смерти я родился

Здесь сыном женщины несчастной
(Ведь я, Вайдеха, сын рабыни),
Теперь я неимущ и жалок.
Но, несмотря на свою бедность,
Я добродетели привержен,
Готов обедом поделиться
Со всеми, кто меня беднее.
По полнолуньям, новолуньям
Пост соблюдаю непреложно,
Зла никому не причиняю,
Не зарюсь на добро чужое.
А вот теперь, как оказалось,
Мои страданья бесполезны!
Ведь правильно сказал Алата —
От благочестия нет проку!
Мне просто выпало злосчастье —
Бросок костей был неудачен.
Игрок я, видно, никудышный.
Алата — вот игрок умелый,
Его бросок удачным вышел,
И выпало на долю счастье.
Врата небес теперь закрылись!
Что делать мне? Не понимаю!
Вот потому я и рыдаю,
Ученью Кашьяпы поверив».
Царь Биджаки рассказ услышал
И молвил он такое слово:
«Стяжать блаженство невозможно,
Мы изменить судьбу не в силах.
Любое счастье и злосчастье
Одна она нам посылает.
Нас всех очистит смена жизней,
Освобожденья не приблизишь.
Я до сих пор к добру склонялся,
Подвижникам и неимущим

Всегда я помогал с охотой,
Радел о благе государства —
Выходит, только тратил время!
Почтенный Кашьяпа! С тобою
Мы свидимся еще, быть может,
Коли судьба того захочет».
Промолвил это царь Видехи
И в путь отправился обратный.
Царь скоротал остаток ночи,
А поутру созвал придворных
И объявил свое решенье:
«Я в Чандаке, своем дворце,
Лишь буду жизнью наслаждаться,
А дел отныне знать не знаю!
Советники пусть все решают,
Все государственные тайны
И ежедневные заботы
Я доверяю приближенным».
Промолвил это царь Вайдеха
И погрузился в наслажденья;
Подвижников и неимущих
Забыл и стал к ним равнодушен.
Полмесяца уж пролетело,
Вот накануне новолунья
Зовет к себе царевна Руджа,
Любимое дитя Вайдехи,
Кормилицу и говорит ей:
«Меня украсить поспешите,
Моих подружек наряжайте!
Ведь завтра будет новолунье,
Пора бы мне отца проведать».
Служанки подали гирлянды,
Сандалом Руджу умастили
И украшения надели
Из самоцветов и кораллов,

Из яхонтов и бус жемчужных.
Одета в лучшие наряды,
Она на золотых носилках
Отправилась царя проведать.
Блистая собственной красою,
Она еще прекрасней стала
Среди своих подружек юных.
Вот, в окружении наперсниц,
Сияя праздничным убором,
Вступила в Чандаку царевна
И все сверканьем озарила,
Слепящей молнии подобна.
Она приблизилась к Вайдахе,
Приветила его учтиво
И села рядом на сиденье
С блестящей золотой отделкой.
Ее, а с нею и подружек,
Подобных апсарам небесным,
Радушно принял царь Вайдехи
И вымолвил такое слово:
«Довольна ты своею жизнью?
Проводишь ли в забавах время?
В пруду купаешься, как прежде?
А кушанья разнообразны?
Какие же у вас затеи?
Беседки из цветов плетете?
А коль чего-то не хватает,
Скажи — я дам распоряженье!
Мне кажется, что ты натерлась
Не самым лучшим притираньем.
Быть может надобно сандала?»
Так дочь расспрашивал Вайдеха.
Ему царевна отвечала:
«Мне, государь, всего довольно,
Ни в чем не знаю я отказа.

Но завтра — новолунье, праздник.
На подаяния убогим
Нужна мне тысяча каршапан —
Я как всегда им помогаю».
На эту речь царевны Руджи
Ей так ответил царь Ангатий:
«Ты много денег зря изводишь:
В дарах нет никакого смысла!
Посты зачем-то соблюдаешь;
Наверное, судьба такая,
И ты постишься поневоле.
А я в постах добра не вижу.
Про Биджаку-раба слыхала?
Он тоже был постам привержен.
А как послушал речи Гунны,
Заплакал горькими слезами.
Живи, пока живется, Руджа!
Отказывать себе не стоит.
Не существует того света,
Зачем себя напрасно мучить?»
Послушав речь царя Видехи
Прекрасная царевна Руджа,
О будущем и прошлом зная,
Промолвила такое слово:
«Я раньше знала понаслышке,
Теперь воочию узрела:
Кто с дураком имеет дело,
Сам поглупеет непременно.
Кто в одиночку заблуждался,
С другим заблудшим повстречавшись,
Сам в заблужденье укрепился.
Ни Биджака, ниже Алата
Меня ничуть не удивляют.
Но ты всегда был столь разумен,
Столь опытен и зрел в сужденьях —

Как мог ты вместе с дураками
Поддаться ложному воззренью?
И если сам собой нас ход вещей очистит,
Зачем тогда подвижничество Гуне?
Он в заблужденье понапрасну тебя мучит,
Как мотылек, летящий на светильник.
Кто верит, что усилия бесплодны,
Не остановится пред злым деяньем,
А от последствий трудно избавляться,
Как от крючка сглотнувшей его рыбе.
Я приведу тебе сравненье,
С вниманием меня послушай!
Разумный человек, бывает,
Суть дела схватывает сразу,
Когда сравнение услышит.
Представь купеческое судно,
Перегруженное товаром:
Оно под непомерным грузом
Затонет в океанских водах.
Так человек, мало-помалу
Накапливая злодеянья,
Под бременем их непомерным
В аду утонет, как в пучине.
Что до Алаты-воеводы,
Так он грехи пока лишь копит,
Но в будущем ему придется
Дурные испытать рожденья.
Алата тоже, царь Видехи,
Когда-то накопил заслуги,
Но благо это — ненадолго:
Он к недостойному склонился,
Оставил верную дорогу
И движется стезей дурною.
Теперь — еще одно сравненье.
Возьми две чашки с коромыслом

И нагрузи одну из чашек:
Свободная от груза чашка
Поднимется на коромысле.
Так, если человек заслуги
Накапливает понемногу,
Они его поднимут к небу,
И это с Биджакой случится.
А те несчастья и невзгоды,
Что он переживает ныне, —
Последствия дурных деяний,
Им совершенных в прошлой жизни.
Но все дурное скоро минет,
Ибо теперь он благонравен.
Не слушай Кашьяпу, владыка!
Не следуй ложному ученью!
Ты попадаешь под влиянье
Того, с кем вместе тратишь время,
Будь он хоть праведник, хоть грешник.
С кем человек завяжет дружбу,
Кого он часто навещает, —
Он на того похожим станет.
Когда лежат две вещи рядом,
Соприкасаются друг с другом —
Одна запачкает другую.
Стрела, отравленная ядом,
Оставит часть его в колчане.
Разумный муж остережется
Общения с неблагородным —
Грехом недолго заразиться.
Ведь если ты концом былинки
Дотронешься до тухлой рыбы —
Былинка гнилью и пропахнет.
Вот каково с глупцом общенье!
А если к благовонной тагаре
Ты поднесешь листок от дерева,

Он тоже станет благовонным —
Вот каково общенье с мудрым!
Считай, что разум твой — корзинка,
А в ней плоды твоих деяний.
Будь рассудителен, владыка!
Оставь общение с дурными,
С достойными сведи знакомство.
Дурной тебя толкает к аду,
Достойный — к небесам приблизит.
Послушай, что со мною было.
Я помню семь своих рождений,
Предшествовавших этой жизни,
И о семи грядущих знаю.
В седьмом тому назад рожденье
Была мужчиной я, владыка.
Жила в Магадхе, в Раджагрихе,
Кузнечным делом занималась.
Товарища дурного встретив,
Грехов свершила я немало,
Погрязла в прелюбодеяньях.
Казалось мне, что я бессмертна.
Дурной поступок сохранился,
Словно огонь под слоем пепла,
А я после того родилась
Благодаря другим деяньям
В столице Ватсы, в Каушамби,
В семье богатого торговца
Как их единственный наследник,
И все меня там ублажали.
Я встретила благого друга,
Он умен был и образован,
Меня на правый путь наставил.
Все новолунья, полнолунья
Я, как положено, постилась.
Благой поступок сохранился,

Как клад вблизи от водоема
Но плод былых дурных деяний,
Свершенных некогда в Магадхе,
Созрел теперь и проявился,
Как яд, подействовав не сразу.
Родилась я в «аду стенаний»
И там прожаривалась долго,
Об этом даже вспомнить тяжко!
Ведь я бесчисленные годы
Терпела тяжкие страданья.
Потом в Бхеннакате родилась —
Была козлом там холощеным;
Возя сановников в повозках,
Расплачивалась за распутство.
А после смерти я родилась
В лесу дремучем обезьяной.
Вожак мне откусил мошонку:
Я продолжала, царь Видехи,
Расплачиваться за распутство.
Потом в Дашарне я родилась,
Была волом там подъяремным,
Расплачивалась за распутство.
А после этого, Вайдеха,
Я возродилась человеком,
Но отродясь была бесполой —
Моя расплата продолжалась.
А после этого я стала
Небесной девой в свите Индры,
Носила яркие наряды
И дорогие украшенья,
Искусным пением и пляской
Царя богов я услаждала.
То семь моих былых рождений.
Грядущие я тоже знаю.
Теперь проявится то благо,

Что я свершила в Каушамби,
В следующих семи жизнях
То снова буду человеком,
То обитательницей неба.
Я буду счастлива все время,
Но первых шесть своих рождений
Придется женщиной остаться.
Зато в седьмом существованье
Я стану наконец мужчиной —
Не на земле, но в горнем мире.
Уже готовят мне гирлянды
Божественных цветов сантаны.
Их на меня наденет, знаю,
Проворный небожитель Джава.
Что для богов — лишь час единый,
Шестнадцать полных лет для смертных,
А день и ночь в небесном мире —
Столетие земного счета.
Неисчислимые рожденья
Влекут поступки за собою,
И ни благое, ни дурное
Деяние не исчезает.
Кто хочет быть всегда мужчиной,
Остерегаться должен блуда,
Как человек, что вымыл ноги,
Обходит стороною лужи.
А если женщина захочет
Мужчиной стать в грядущих жизнях,
Пускай супруга почитает,
Как апсара — богов владыку.
А кто желает благ на небе
И долгой жизни в горнем мире,
Пусть избегает прегрешений
И в мыслях, и в речах, и в деле,
Пусть дхарме следует прилежно,

От этого всегда есть польза,
Будь женщиной ты иль мужчиной.
Все те, кто в нашем мире, государь,
Живут в великолепии, в достатке,
Когда-то жили праведно, поверь:
Мы все — наследники своих поступков.
А как ты полагаешь, царь Видехи:
За что танцовщиц ты к себе приблизил,
Наряды даришь им и украшенья?
Наверное они того достойны?»

Так добронравная царевна
Порадовать царя старалась,
Разубедить своим рассказом,
Но все напрасно: тот не верил.
Сам Нарада из мира Брахмы,
Обозревая Джамбудвипу,
Царя Ангатия приметил
И снизошел к нему на землю.
Когда он в облике провидца
Возник перед царем Видехи,
С надеждою царевна Руджа
Пред ним почтительно склонилась.
А царь в великом изумленье
Немедленно спустился с трона
И гостя вопросил смятенно.

Царь:
Откуда явился ты, богоподобный,
Сияя, как месяц безоблачной ночью?
Кто родом ты и каково твое имя?

Нарада:
Явился сюда я из горнего мира,
Сияя, как месяц безоблачной ночью.

Узнай, государь, что я — Кашьяпа родом,
Под именем Нарады в мире известен.

Царь:
О Нарада, я изумлен этим чудом:
Как можешь парить ты, земли не касаясь?
За что получил ты такую способность?

Нарада:
Я дхарме и правде был издавна предан,
Смирял свои страсти, был щедр неизменно,
От этого стал я стремительней мысли,
Мгновенно в любые миры попадаю.

Царь:
Что ты рассказал мне — поистине, чудо:
Заслуги, выходят, отнюдь не бесплодны
(Вот только не знаю я, верно ли это).
Позволишь ли порасспросить тебя дальше?
Но только я жду непритворных ответов!

Нарада:
Спроси, о чем хочешь, владыка Видехи.
Я тут же развею любые сомненья,
Скажу о причинах, примеры напомню,
В моих рассужденьях не будет изъяна.

Царь:
Нарада, ответь нелицемерно:
Есть ли в мире боги? Есть ли предки?
Существует ли на самом деле
То, что называется «тем светом»?

Нарада:
Есть и боги в мире, есть и предки,

И на самом деле существует
То, что называется «тем светом».
Глупые и чувственные люди —
Лишь они не знают о том свете,
Ибо держатся превратных взглядов.

Царь:
Если, Нарада, ты тоже веришь,
Что умершие на этом свете
Просто на тот свет переселились,
Одолжи мне здесь пятьсот каршапан —
На том свете тысячу получишь!

Нарада:
Будь ты добронравен и надежен —
Дал бы я тебе пятьсот каршапан,
Но теперь ссужать тебя опасно:
Как очутишься ты в преисподней,
Долг с тебя взыскать никто не сможет.
Кто бездельничает в этой жизни,
Ленится, бесчинствует, буянит,
Тот от умных не получит ссуды,
Ведь возврата будет не дождаться.
А тому, кто может заработать,
Добронравен, опытен, надежен,
Люди сами в долг дают охотно:
На такого можно положиться.
Ты же, царь, коль взглядов не изменишь,
После смерти встретишься в кромешной
С жадным вороньем, исчадьем ада.
Грифы, коршуны, орлы, вороны
Исклюют тебя и растерзают.
Будешь ты, разодранный на части,
Окровавленный, в грязи валяться —
Позабудешь, что кому-то должен!

Там не светят ни луна, ни солнце,
Жутью дышит беспросветный сумрак,
Не бывает там ни дня, ни ночи;
Всяк махнет рукой на свои деньги,
Только бы в аду не очутиться.
Двое кобелей могучих, рослых:
Первый — Светлый, а второй — Пятнистый,
Там железными клыками гложут
Всех, кто очутился в преисподней.
Хищники когда в тебя вгрызутся,
По кускам растащат твое тело,
Будешь ты, разодранный на части,
Окровавленный, в грязи валяться —
Позабудешь, что кому-то должен!
Навостривши копья, пики, дроты,
Слуги ада, копоти чернее,
Колют и пронзают, стервенея,
Грешников, в кромешную попавших.
Не ищи от них спасенья в бегстве.
Все равно ты будешь весь истерзан.
Вспорют тебе брюхо, кишки вынут,
Так забудешь, что кому-то должен!
Там с небес дождем летят секиры,
Стрелы, копья, топоры, кинжалы,
Люто накаленные, как угли;
Там из туч валится град каменьев,
Знойный ветер дует нестерпимо.
Нет ни малого отдохновенья.
Как начнешь, измучившись, метаться,
Позабудешь, что кому-то должен!
Запрягут тебя в телегу бесы
Да начнут стрекалом тыкать в спину —
Побежишь по раскаленной лаве,
Позабудешь, что кому-то должен!
Вздумаешь ли на гору взобраться,

Бритвами утыканную плотно,
Источающую зной и ужас —
Бритвы рассекут тебя на части,
Будешь в собственной крови купаться
И забудешь, что кому-то должен!
Станешь ползать по горящим грудам,
Где трещат пылающие угли:
Как обуглишься, да накричишься —
Позабудешь, что кому-то должен!
Растут там адские деревья,
Касаясь облаков вершиной;
На них железные колючки
Набухли человечьей кровью.
На эти страшные деревья
Служители судьи умерших
Мужчин и женщин загоняют,
Что предавались любострастью.
Тебя там то же ожидает,
И будешь лезть, окровавленный,
Пока всю кожу не оставишь
Не искалечишь свои члены
На ужасающих колючках.
Тогда ты горько будешь плакать,
Раскаиваясь в прегрешеньях!
Ты даже кожи там лишишься,
Откуда же возьмутся деньги
С заимодавцем расплатиться!
Другие там растут деревья:
Мечи на ветках вместо листьев.
И будешь ты на них взбираться,
На ветках оставляя части
Обезображенного тела!
Едва ты вырвешься из леса —
В Вайтарани падешь немедля;
Откуда же возьмешь ты деньги

С заимодавцем расплатиться!
Клокочет щелочной водою,
Дымится адское теченье
Реки Вайтарани ужасной,
А в ней — железные кувшинки
И остро режущие листья!
Тебя, забрызганного кровью,
Река немедленно подхватит
И понесет на эти листья;
Откуда же возьмешь ты деньги
С заимодавцем расплатиться!

Царь:
Как дерево под топором, я весь дрожу от страха.
Что делать мне? Куда идти? Я заблудился в мире!
Я в ужасе от дел своих, раскаиваюсь горько!
Одна надежда на тебя, провидец!
Дай мне воды напиться в знойный полдень,
Будь островом среди морской пучины,
Стань светочем средь темноты кромешной!
Дай наставление о дхарме и о пользе.
Увы! Я в прошлом тяжко провинился.
Скажи, как мне очиститься, провидец?
Как избежать паденья в бездну ада?

Нарада:
Стань праведным, как Дхритараштра,
Как Вишвамитра, Джамадагни,
Как Ушинара и царь Шиби.
Во всем отныне следуй дхарме,
И обретешь обитель Шакры.
Пусть в Чандаке, твоем дворце,
И Митхиле, столице царства,
Отныне возглашают слуги:
«Кто жаждет? Кто проголодался?

Кому нужны цветов гирлянды?
А кто нуждается в одежде?
Кому-то, может, для прогулок
Нужны сандалии и зонтик?»
Пусть дважды в день так возглашают.
Тех, кто состарился в работе,
Не заставляй трудиться больше,
Но содержать ты их обязан,
Будь это люди иль скотина:
Они заботу заслужили.
А теперь запомни наставленье:
Колесницей назовем мы тело,
А возничим будет ум искусный,
Ось — непричинение дурного,
А щиты — раздача неимущим.
Мы ободьями представим ноги,
Окаемкою же руки будут.
Смазка — воздержанье от обжорства;
Если скрипа нет — ты сдержан в речи.
Цельный кузов — это верность слову;
Мягкость речи — плавность ее хода;
Вера и надежность — украшенья;
Шест со знаменем над колесницей —
Скромность, поклонение с молитвой;
Неспесивость — вот прямое дышло;
А поводья — самообузданье;
Плавный ход ее — то негневливость,
Сверху же красуется блестящий
Зонт — он означает верность дхарме.
Поручнями будут твои знанья.
Спицами же — знанья обстоятельств,
Хомутом смирение зовется,
А подстилкой будет бодрость мысли.
Память — вот стрекало у возницы,
Мужество и йога — то уздечка,

Ели ум смирен, он едет прямо,
Избегая прихотей-ухабов.
Вдруг рысак к обочине нагнется
(Значит, что-то видно или слышно,
Что-то вкусно и приятно пахнет,
Отвлекая в сторону вниманье) —
Рысака тогда возничий — твоя сущность —
Погоняет мудростью нещадно.
Тот, кто твердо правит колесницей,
Едет ровной и прямой дорогой, —
Тот осуществит свои желанья
И кромешной навсегда избегнет.

Йога по-взрослому для начинающих. Заключение и благодарности

Когда практика йоги выходит за пределы коврика, и человек начинает интересоваться такими понятиями как аскеза, тапас, карма, реинкарнация — начинается практика йоги по-взрослому. Закон кармы — один из самых сложных законов нашего мира. Его сложность заключается в его неоднозначности — в зависимости от типа человека, от энергии, которая его окружает, проявления закона кармы могут быть различными.

С помощью определенных асан, вы возможно преодолеете кармические ограничения, станете более подвижными и дискомфорт в теле, ограничение в сознании пройдут.

Ещё один важный момент. Занимаясь йогой в городских условиях, казалось бы для себя, вы меняете реальность вокруг: люди с кем вы тесно общаетесь, связаны с вами энергетически. Изменяя себя на уровне тела, энергии и сознания, вы можете позитивно влиять и на окружающую действительность. Если упрощенно рассмотреть посредством чего: асана (поза) — влияет на тело, пранаяма (дыхательное упражнение) — дополнительный источник энергии, манра — влияет на сознание и изменяет вибрации вокруг.

В этом и заключается смысл термина «йога по-взрослому» — «Изменяя себя в лучшую сторону, вы можете влиять позитивно на окружающий Мир».

Мы благодарим всех людей, кто поддержал этот проект!
Выпуском этой книги мы надеемся стимулировать
здравомыслящих людей осознанно относиться к жизни
и к тем поступкам, которые они совершают.
Цените ваше драгоценное человеческое рождение!
Ведь как сказал славный Шантидева в произведении
Бодхичарьяаватара (Путь Бодхисаттвы):
«Невероятно трудно обрести драгоценное
человеческое рождение...
...средство достижения высшей цели человека»

*Благодарим ребят, которые участвовали в составлении
и оформлении этой книги:*

Здравые лекции — Андрей Верба, *подбор и набор
текста* Екатерина Андросова, Роман Косарев,
Ирина Черкесова, Ксюша Львова, Юлия Попова,
Ольга Бедункова, *дизайн обложки и иллюстрации асан* —
Алексей Попов, *фото съемки асан для отрисовки* —
Михаил Блок, Юлия Черкасова, Ирина Черкесова,
Юлия Попова, Екатерина Андросова, *верстка* —
Андрей Кондаков, *помощь с интернет связью и местом
для составления книги* — Евгений Гончаров.

**А также всех ребят, благодаря материальной поддержке
которых, эта книга увидела свет.**

При подготовке этой книги использовались разные здравые материалы из интернет пространства, а также информация из лекций о йоге и самосовершенствовании здравомыслящих людей.

Если вы хотите принять участие в распространении или выпуске очередного тиража этой книги — пожалуйста, пишите или звоните:
info@oum.ru;
+7 (925) 502-23-02 или +7 (495) 220-53-78.

Информацию о наших регулярных занятиях и семинарах в Москве, а также выездных семинарах и йога-турах вы можете посмотреть на сайте oum.ru.

Азбука йоги

Составители
Андрей Верба, Екатерина Андросова

Дизайн обложки
Алексей Попов

Верстка
Андрей Кондаков

Подписано в печать 08.06.12.
Формат 84x108/32. Усл. п. л. 5,04.
Тираж 5000 экз. Заказ № 3730.

ООО «Амрита»
109153, Москва, ул. Моршанская, д. 3, корп. 1
тел./факс (499) 264-05-89, тел. (499) 264-05-81
e-mail: info@amrita-rus.ru www.amrita-rus.ru

Книга почтой: 107140, Москва, а/я 37
По заявке оптовиков осуществляется электронная
рассылка полного книжного каталога

Розничный магазин:
ул. Краснопрудная, 22а, стр. 1 Тел.: 8 (499) 264-13-60

Отпечатано в ОАО «Первая Образцовая типография»,
филиал «Дом печати — ВЯТКА» в полном соответствии
с качеством предоставленных материалов
610033, г. Киров, ул. Московская, 122
Факс: (8332) 53-53-80, 62-10-36
http://www.gipp.kirov.ru; e-mail: order@gipp.kirov.ru